W0261253

Jürgen Marsch und Jörg Fritze

SQL

Eine praxisorientierte Einführung

Jürgen Marsch und Jörg Fritze

SQL

Eine praxisorientierte Einführung

Die Deutsche Bibliothek – CIP-Einheitsaufnahme

Marsch, Jürgen:
SQL: eine praxisorientierte Einführung / Jürgen
Marsch und Jörg Fritze. – Braunschweig;
Wiesbaden: Vieweg, 1993
NE: Fritze, Jörg:

Softcover repeint of the hardcover 1st edition 1993

Der Verlag Vieweg ist ein Unternehmen der Verlagsgruppe Bertelsmann International.

Gedruckt auf säurefreiem Papier

ISBN-13: 978-3-528-05210-2   e-ISBN-13: 978-3-322-87800-7
DOI: 10.1007/978-3-322-87800-7

Vorwort

Aufgrund des immer komplexer werdenden Informationsbedarfes hat die
Bedeutung relationaler Datenbanksysteme in den letzten Jahren rapide zu-
genommen. SQL ist die verbreitetste Abfragesprache für diese Systeme,
eine nicht-prozedurale Sprache mit hoher Leistungsfähigkeit.

Natürlich gibt es bereits eine Reihe von Lehrbüchern zu diesem Thema,
hochwissenschaftliche und rein pragmatische Abhandlungen; die einen versuchen den Datenbanken mathematisch und theoretisch zu Leibe zu rücken,
die anderen erwecken den Anschein, als ob SQL selbsterklärend sei, in wenigen Tagen erlernbar und selbst bei komplexesten Problemen mit wenigen
simplen Befehlen einzusetzen. Wir können aufgrund unserer Erfahrungen
mit Datenbanksystemen zeigen, daß die Wahrheit, wie so oft, in der gol-
denen Mitte liegt.

Dieses Buch wendet sich an Programmierer, DB-Benutzer usw., kurz an
alle, die SQL zukünftig in der täglichen EDV-Arbeit einsetzen wollen, sowie an diejenigen, die nach ersten Erfahrungen im Umgang mit SQL festgestellt haben, daß gerade in dieser neuartigen Sprachform häufig Tips und
Kniffe nötig sind, um scheinbar leichte Aufgabenstellungen zu bewältigen.
Neben den SQL-Grundlagen wie Tabellenerstellung, ersten Abfragen usw.
beinhaltet daher das vorliegende Buch Vorschläge und Lösungen zu diesen
Problemen.

Wenn man eine Datenbanksprache beschreiben will, kommt man nicht um-
hin, über Grundlagen und Design zu reden. Dies haben wir auch getan, uns
allerdings auf das Nötigste beschränkt. Es gibt ja bekanntlich zwei Sorten
von "EDV-Buch-Lesern": Die sorgfältigen Leser, die mit dem Vorwort be-
ginnend Seite für Seite der Literatur bearbeiten und der gegebenen Struktur
folgend nach einer geraumen Weile das gesamte Werk nutzbringend gelesen haben. Für diese Gruppe haben wir ein recht komplexes Beispiel
eingeflochten, das wie ein roter Faden durch alle Kapitel hindurch die
Theorie unterstützen soll.

Der eher ungeduldige Lesertyp hält sich nicht mit schmückendem Beiwerk auf, er überschlägt zunächst einführende Seiten, um mit dem Inhaltsverzeichnis zu beginnen. Die eine oder andere Überschrift paßt genau in sein aktuelles Anwendungsproblem. Er sucht die entsprechende Seite, findet sie und trifft mit Entsetzen auf die n-te Fortsetzung eines Beispieles, das ihn an Folgen aus südamerikanischen Endlos-Sagas erinnert, denen man nicht mehr folgen kann, wenn man einmal einen Teil der Serie verpaßt hat. Was hier benötigt wird, ist ein kleines, leicht durchschaubares Beispiel, um den Sachverhalt zu verdeutlichen. Auch diese werden Sie zusätzlich an vielen Stellen im Buch finden.

Die Autoren wünschen Ihnen viel Erfolg und Spaß beim Lesen und Nutzen dieses SQL-Buches. An Kommentaren, Anregungen und Kritiken sind wir, die Autoren, ebenso wie der Verlag interessiert.

Bitte schicken Sie diese an:

> Verlag Vieweg
> Lektorat Informatik/Computerliteratur
> Faulbrunnenstr.13
> W-6200 Wiesbaden

Jürgen Marsch, Jörg Fritze   Iserlohn, im September 1992

Inhaltsübersicht

Inhalt

1 Kurzer Abriß der Entwicklung von Datenbanksystemen

1.1 Sinn von Datenbanksystemen

Die Begriffe Datenbank, Dateisystem usw. findet man heutzutage in jedem möglichen und unmöglichen Zusammenhang, will man sie jedoch eindeutig definieren und voneinander abgrenzen, stößt man schnell auf Schwierigkeiten. Was unterscheidet denn eine Datenbank von einer Dateisammlung? Der wissensdurstige Mensch schlägt im Lexikon nach und erhält folgende, alles erklärende Definitionen:

- **Datei**:
  Beleg- und Dokumentensammlung, besonders in der Datenverarbeitung (lt. Wörterbuch der Informatik)

- **Datenbank**:
  Integriertes Ganzes von Datensammlungen, aufgezeichnet in einem nach verschiedenen Gesichtspunkten direkt zugänglichen Speicher, für Informationsbeschaffung in großem Umfang bestimmt, verwaltet durch ein separates Programmsystem (lt. Wörterbuch der Informatik)

Ein Programmsystem (**DBMS**, Database Management System genannt) verwaltet also eine zusammenhängende Menge von Daten. Ein Beispiel: Sie besitzen ein Adreßbuch, in dem die wichtigsten Namen und Telefonnummern Platz finden sollen. Ein typisches Problem dieser Bücher liegt darin, daß bei den Buchstaben ´X´, ´Y´ und ´Z´ gähnende Leere herscht, während die freien Plätze bei den Buchstaben ´S´ oder ´M´ schnell erschöpft sind. Um die letzten Adressen zu diesen Anfangsbuchstaben noch eintragen zu können, haben Sie sich bereits einer Schriftgröße bedient, die geeignet wäre, die ganze Bibel auf eine Briefmarke zu bannen. Ihr Büchlein ist alphabetisch nach Nachnamen sortiert, vielleicht haben Sie aber unglücklicherweise den Nachnamen einer Person, die Sie anrufen wollen, vergessen, an den Vornamen und den Wohnort können Sie sich jedoch gut erinnern. Die Suche beginnt, mit etwas Glück läßt sich die Telefonnummer bald finden, im schlimmsten Falle steht sie aber auf der letzten Seite des Buches. Sie haben auf diese Weise zwar all die Adressen alter Bekannter wiedergefunden und einen Nachmittag voller wehmütiger Erinnerungen verbracht, ein effizienter Datenzugriff war das jedoch nicht. Sollten diese Probleme öfter auftauchen, beschließen Sie vielleicht, ein zweites, nach Vornamen sortiertes Adreßbuch anzulegen. Jetzt können Sie zwar schneller suchen, bezahlen diesen Vorteil aber mit einem erheblich höheren Aufwand an Datenbestandspflege.

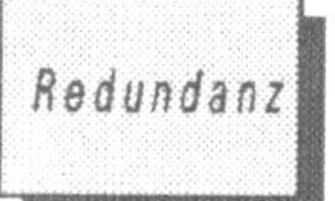

Ihre Datenbestände existieren ja zweimal, sie sind **redundant**. Löschungen, Änderungen und Neueintragungen sind immer doppelt durchzuführen, das kostet Platz und Zeit. Ein weiteres Problem hat sich eingeschlichen; was geschieht, wenn die Daten nicht gleichzeitig aktualisiert werden? Sie stimmen dann nicht mehr überein, man spricht von **Inkonsistenz**.

Ein typisches Umzugsproblem: Ihre heißgeliebte Sportzeitschrift wird noch an die alte Adresse geliefert, während das Finanzamt die fällige Rechnung prompt an Ihr neues Domizil adressiert hat. Es gesellt sich zu allem Unglück noch die Datenschutzproblematik; mußten Sie bisher darauf achten, daß ein Buch nicht in die falschen Hände geriet (die Telefonnummer Ihrer Erbtante geht ja nun wirklich niemanden etwas an), so gilt es jetzt gleichzeitig mehrere Bücher zu bewachen.

Fassen wir zusammen, Problemstellungen verlangen bestimmte Datenstrukturen, ändern sich die Probleme, so müssen andere Strukturen genutzt werden, was zwangsweise zu Mehrfachspeicherung und damit zu größerem Aufwand und erhöhter Fehlerträchtigkeit führt. Der geniale Gedanke eines **relationalen Datenbanksystems** liegt nun darin, die Komponenten Anwenderprogramme und Dateien zu trennen, so daß obige Abhängigkeit nicht mehr auftritt (siehe Drei-Ebenen Modell im Kap.2). Es ist so möglich, die Datenbestände trotz verschiedener Zugriffe nur einmal zu speichern. Eine Beziehung ergibt sich gewissermaßen erst durch die gestellte Abfrage. Der Mechanismus, der für die logische Verwaltung einer Datenbank verantwortlich ist, also die Brücke zwischen Anwenderprogramm und Datenbestand schlägt, heißt DBMS (siehe DB-Definition S.1). Neben dem relationalen Ansatz gibt es noch zwei weitere Datenbankmodelle, in denen Datenbeziehungen anders beschrieben werden, das **hierarchische** und das **Netzwerkmodell**. Wir wollen alle drei nach dem nun folgenden kleinen Rückblick auf die Datenbankgeschichte vorstellen.

1.2 Entwicklungsgeschichte der Datenbanksysteme

Man hat im Laufe der letzten Jahrzehnte eine ganze Reihe von Konzepten entwickelt, die Datenbestände möglichst sicher, effizient und eventuell benutzerfreundlich verwalten können. An diesen Entwicklungen waren sowohl verschiedene Firmen, als auch Einzelpersonen beteiligt, man muß schon recht weit ausholen, um die Wurzeln dieser Entwicklung zu beschreiben.

Im Jahre 1959, als die Sowjetunion mit der Sonde Lunik 3 die Rückseite des Mondes photografiert und in Japan die ersten Transistorfernseher zu bewundern sind, entwickeln Techniker der Firma IBM das Ramac-System, das man 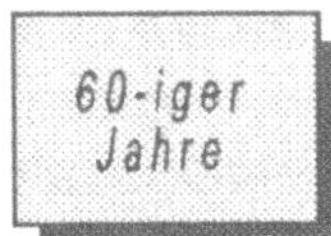

vielleicht als frühen Vorläufer nachfolgender Datenbanksysteme bezeichnen darf. Mit diesem System wird erstmalig der nichtsequentielle Datenzugriff verwirklicht. Ein echter theoretischer Ansatz zur Datenbankverwaltung wird aber erst Anfang der Sechziger Jahre entwickelt. Der Mathematiker Bachmann entwirft und veröffentlicht in den Jahren 1961-64 Datenstrukturdiagramme; er formuliert außerdem Beziehungen zwischen den Daten, der Begriff der **sets** (Beziehungstypen) wird bereits hier geprägt.

Dies ist die Grundlage für das von der Codasyl-Gruppe (Vereinigung der wichtigsten amerikanischen Computer- 

hersteller und -anwender) im Jahre 1971 verabschiedete (und 1978 überarbeitete) Netzwerk Datenmodell (s.Kap. 1.4). Dies versetzt die Fachwelt in helle Aufregung. Behauptungen, das Beruhigungsmittel Valium sei genau deshalb zu diesem Zeitpunkt herausgebracht worden und sofort zum Kassenschlager avanciert, konnten jedoch bis heute nicht bewiesen werden. In den folgenden fünf Jahren gibt es mehrere Entwicklungen, die im Hinblick auf die Datenbankerstellung interessant sind. Die Sprache PL/I erhält DB-technische Erweiterungen, man nennt sie

APL (associative programmining language). Das erste Multi-User System, das den (quasi) gleichzeitigen Datenzugriff mehrerer Benutzer erlaubt, heißt Sabre und ist eine Gemeinschaftsproduktion von IBM und American Airlines. Als zweites DB-Standbein besitzt IBM seit 1965 noch ein hierarchisches System namens IMS, die dazugehörige Abfragesprache nennt sich DL/I. Diese Sprache ist auch heute noch auf vielen Großrechnern im Einsatz, allerding mit stark abnehmender Bedeutung.

Die Siebziger Jahre gelten als Sturm- und Drangzeit der DBS-Entwicklung. 1970 stellt E.Codd das relationale DB-Modell vor (s. Kap. 1.5). Im Jahre 1976 veröffentlicht Peter P.S. Chen zum Thema Datenbankentwurf das Entity-Relationship Prinzip (s. Kap. 2.1). Der entscheidende Schritt für die relationale Datenbankwelt war wohl im Jahre 1973 die Entwicklung des Systems R von IBM. Dieses, im sonnigen Kalifornien erschaffene Datenbanksystem beinhaltete eine Anfragesprache namens Sequel, die im Laufe der Projektentwicklung in SQL umbenannt wurde. SQL ist in den Jahren 1974-75 noch unvollständig, es gibt z.B. keine Möglichkeit Tabellen miteinander zu kombinieren, ein Datenschutz im engeren Sinne ist auch nicht verfügbar, da System R zu diesem Zeitpunkt noch keine Mehrplatzfähigkeit bietet. Beide Einschränkungen werden jedoch mit der nächsten Version im Jahre 1976 aufgehoben. Nach mehreren erfolgreichen Praxiseinsätzen wird das Projekt System R im Jahre 1979 abgeschlossen.

80-iger Jahre All diese Versionen hatten allerdings noch Prototyp-Charakter, das erste relationale Datenbanksystem, das von IBM in den Handel kommt, ist das Produkt SQL/DS im Jahre 1981. Zwei Jahre zuvor bringt Oracle ein relationales Datenbanksystem auf den Markt, Informix und andere Hersteller folgen kurz darauf. Bereits 1980 wird mit dBASE II (aus einem Public Domain Produkt entstanden) die Datenbankwelt für PC's eröffnet. In den folgenden Jahren erreicht die Implementierungsanzahl die Millionengrenze. dBASE wird damit zum Marktführer für Datenbanksysteme auf Personalcomputern. Die 1989 marktreife Version dBASE IV beeinhaltet eine SQL-Schnittstelle; dies bedeutet für die Herstellerfirma Ashton Tate nun die Anschlußmöglichkeit ihres Produktes an die Datenbanken der Großrechner, wie z.B. Informix, Ingres, Oracle. 1984 kritisiert der Datenbankprofi C.J.Date die Sprache SQL. Wir wollen ihm das verzeihen und diese denkwürdige Tat zum Anlaß nehmen, auch hier und da ein wenig zu mäkeln, wenn es angebracht erscheint. SQL wird 1986 nach zwei Jahren harter Arbeit vom American National Standards Institute (ANSI) einer ersten Standardisierung unterworfen. Abermals ein Jahr später wird auch von der International Standards Organisation (ISO) ein SQL-Standard verabschiedet, der dem ANSI-Standard weitgehend entspricht.

1.3 Hierarchisches Modell

Das hierarchische Datenbankmodell basiert auf der mathematischen Baumstruktur. Da Mathematiker sich seltenener mit der unvollkommenen Natur beschäftigen, ist durchaus einzusehen, daß mathematische Bäume anders als ihre natürlichen Gegenstücke gebaut sind. Wenn wir die einzelnen Dateien einer hierarchischen Datenbank als **Knoten** bezeichnen, so gelten folgende Vereinbarungen: Wie bei Verzeichnisstrukturen der meisten Betriebssysteme gibt es minimal eine Baumstruktur, die aus nur einem Knoten, der sogenannten **Wurzel** besteht. Ein solcher Baum darf nun durch Anfügen weiterer Knoten wachsen, wobei der Nachfolger eines Knotens als Sohn, der Vorgänger als Vater bezeichnet wird. Wie man sieht, ist es möglich, allein mit Vätern Kinder zu erzeugen, glücklicherweise im Gegensatz zur Natur. Ein Vater kann mehrere Söhne haben, hat er keinen, nennt man ihn **Blatt**. Jeder Knoten hat einen eindeutigen, leicht ermittelbaren Vater (wieder ein Unterschied zur Natur), einzige Ausnahme ist der vaterlose Wurzelknoten. Alle Knoten innerhalb einer Generation gehören zu einer Stufe (auch Ebene oder Level genannt), die niedrigste Stufennummer bekommt die Wurzel (je nach Lehrbuch Nr.0 oder Nr.1), die höchsten Stufennummern besitzen Blattknoten.

Es stehen bei diesem Modell also alle Daten in einem streng hierarchischen Zusammenhang. Eine Verbindung von Knoten innerhalb einer Stufe ist zum Beispiel nicht möglich. Dies ist eine starke Einschränkung und nur für Problemstellungen sinnvoll, die bereits natürlicherweise eine Hierarchie beinhalten, wie z.B. Personalstrukturen, Klassifizierungen von Tieren und Pflanzen (Art, Gattung usw.), Dienstgrade, Buchaufbau (Kapitel 1, Abschnitt 1.1, Unterabschnitt 1.1.1) etc.

Der Vorteil eines hierarchischen Systems liegt in seinem einfachen Aufbau und der Möglichkeit, baumartige Strukturen problemlos sequentiell zu realisieren. Jeder Softwareentwickler kennt ja die Möglichkeit, z.B. alle Dateien einer Verzeichnishierarchie auf einer Diskette auszugeben oder zu löschen. Man muß zu diesem Zweck jeden Knoten auf eine mögliche Vaterschaft hin überprüfen und dann gegebenenfalls die Hierarchiestufe wechseln. Die verschiedenen Techniken des Durchlaufens von Bäumen (**Traversierung**) nennen sich prefix, infix bzw. postfix, je nachdem, ob der linke, der rechte Teilbaum oder der Vaterknoten zuerst bearbeitet wird.

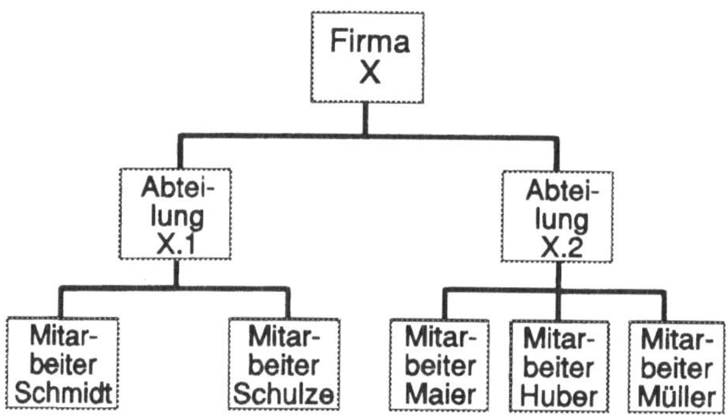

Bild 1.1 Firmenhierarchie

1.4 Netzwerkmodell

Grundlage für das Netzwerkmodell ist die Graphentheorie, die ebenfalls Knoten und Verbindungen zwischen diesen Knoten (Kanten genannt) kennt. Ein Baum ist ebenfalls ein Graph mit speziellen, ihn letztendlich einschränkenden Eigenschaften (z.B. exakt ein Vorgänger ...), um den Theoretikern wenigstens hier Genüge zu tun: Ein Baum ist ein gerichteter azyklischer Wurzelgraph. Dies bedeutet salopp formuliert: Es gibt eine Richtung, mit der man den Baum durchläuft, von der Wurzel zu den Blättern (top

down) oder umgekehrt (bottom up). Ein Kreisverkehr ist nicht erlaubt, da
dies zum Verlust der eindeutigen Vaterschaftserkennung führen würde (ein
unbestreitbar wichtiger Punkt).

In einem Netz gelten diese Einschränkungen nicht, hier darf jeder Knoten
mit jedem anderen in direkter Verbindung stehen, dies mit der Natur zu
vergleichen, hieße Woodstock (für die älteren Leser: Sodom und Gomor-
rha) neu aufleben zu lassen. Dies hat den entscheidenden Vorteil der größeren Realitätsnähe gegenüber einem hierarchischen System. Das Firmenbei-
spiel (siehe Bild 1.1) läßt sich jetzt problemlos um Mitarbeiter erweitern,
die gleichzeitig in mehreren Abteilungen arbeiten. Dies würde im hierarchischen System schon Tricks wie das Einfügen virtueller Knoten usw. erfordern.

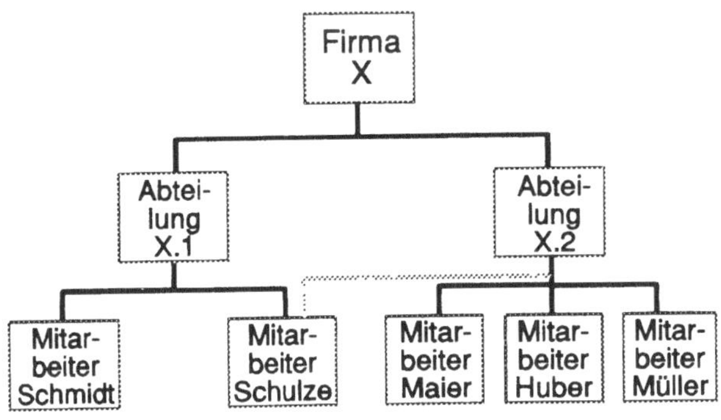

Bild 1.2 Firmenbeziehungen als Netzwerk

1.5 Relationales Modell

Wie im geschichtlichen Überblick beschrieben, führt der damalige IBM-
Mitarbeiter E.F.Codd 1970 das relationale Modell ein. Auch dieses Modell
basiert auf einer mathematischen Grundlage, der Relationenalgebra. Dieser
Zweig der Mathematik ist auch für die teilweise etwas gewöhnungsbedürf-

tigen Begriffe verantwortlich, die im folgenden genannt und erkärt werden sollen.

Eine logisch zusammenhängende Objektmenge wird in einer zweidimensionalen Matrix, einer Tabelle festgehalten. Tabellen bestehen aus Zeilen (**Datensätzen**) und Spalten (Feldern, **Attributen**, Eigenschaften). Damit auf eine Zeile eindeutig zugegriffen werden kann, benötigt man mindestens eine Spalte (oder Spaltenkombination), deren Inhalt garantiert keine Redundanz aufweist, zwei verschiedene Zeilen dürfen also in dieser Spalte niemals den gleichen Wert besitzen, sonst wären sie ja nicht unterscheidbar.

Schlüssel

Diese eindeutigen Spalten heißen **Identifikationsschlüssel** (siehe auch Kap.2), sie müssen in jeder Zeile einen Wert haben. Es gibt Tabellen, bei denen für diese Aufgabe mehrere Spalten geeignet sind, sie sind Kandidaten für das Identifikationsschlüsselamt und heißen daher Kandidatenschlüssel. Kandidatenschlüssel sind häufig Zahlenwerte oder Zahl-Textkombinationen, wie z.B. Personalnummer, Artikelbezeichnung usw. Einige Tabellen enthalten Spalten (oder Spaltenkombinationen), deren Inhalte eine (eventuell unechte) Teilmenge der Identifikationsschlüsselinhalte einer anderen Tabelle darstellen, man nennt sie Fremdschlüssel. Alle Schüler einer Schule seien durch ihre Schülernummer eindeutig bestimmt. Dann ist der Spalteninhalt der Schülernummern einer Klassensprechertabelle ein Fremdschlüssel, denn die Klassensprecher stellen eine (in diesem Falle sogar echte) Teilmenge aller Schüler dar. Der Identifikationsschlüssel der Schülertabelle ist voraussichtlich ebenfalls die Schülernummer, jeder Schüler erhält eine solche eindeutige Nummer. Unsere Bibliotheksverwaltung wird auch mehrere Fremdschlüssel beinhalten, beispielsweise ist die Buchnummer (Identifikationsschlüssel einer Büchertabelle) ein Fremdschlüssel in einer Verleihtabelle.

Selektion und Projektion

Die Tabellen eines relationalen Modells können mit mathematischen Verfahren bearbeitet werden. Es ist möglich, nur eine Teilmenge in bezug auf die vorhandenen Spalten einer Tabelle auszugeben, dies ist eine **Projektion**. Will man statt einer kompletten Tabelle nur einzelne Zeilen auswählen, so spricht man von einer **Selektion**. Das relationale Grundkonzept sieht keine festen Verbindungen zwischen Tabellen vor, die Beziehungen werden durch die Abfrage bestimmt und haben einen rein temporären Charakter. Stellen Sie sich das relationale System als Geländewagen vor, der unwegsame Wüsten durchquert. Der Vorteil liegt hier in der, von festdefinierten Wegen unabhängigen Fahrmöglichkeit. Ein Nachteil ist unter anderem die geringere Geschwindigkeit gegenüber der Autobahnfahrt. Tempolimit auf der einen und die Transitstrecke Paris-Dakar auf der anderen Seite, müssen fairerweise unberücksichtigt bleiben.

Als Beispiel benötigen wir zwei Tabellen, kunde und dispokre.

kunde				
pers_nr	name	vorname	ort	kontostand
100	maier	karl	essen	1234.56
110	müller	eva	bochum	328.75
120	schmidt	rudi	essen	-500.12
130	huber	marion	hagen	2801.00

dispokre	
pers_nr	dispo
100	2000
110	3000
120	1000
130	15000

Eine Projektion der Tabelle kunde stellt die Frage nach Name und Wohnort aller Kunden dar. Geliefert werden dann die genannten Eigenschaften von allen Kunden:

vorname	ort
karl	essen
eva	bochum
rudi	essen
marion	hagen

Die Ausgabe aller Essener Datensätze ist eine Selektion und liefert folgendes Ergebnis:

pers_nr	name	vorname	ort	kontostand
100	maier	karl	essen	1234.56
120	schmidt	rudi	essen	-500.12

Selbstverständlich läßt sich beides kombinieren, eine Selektion und Projektion stellt die Frage nach den Namen und Vornamen aller Essener Kunden dar.

name	vorname
maier	karl
schmidt	rudi

Relation   Verlangt eine Frage tabellenübergreifende Eigenschaften, so lassen sich die beteiligten Tabellen durch eine mathematische Verknüpfung (kartesisches Produkt) für die Dauer der Anfrage verbinden, meist mit Hilfe eines gemeinsamen Merkmals, im Normalfall ist dies ein redundantes Schlüsselfeld. Diese, beschönigend **gezielte Redundanz** genannte Mehrfachspeicherung ist die (idealerweise) einzige im relationalen Datenbanksystem. Die Frage nach der Höhe des Dispositionskredites von Eva Müller erzwingt in unserem Beispiel eine solche Tabellenverknüpfung, meist **Relationenbildung** oder neudeutsch **joining** genannt.

Joining der Tabellen:

pers_nr	name	vorname	ort	dispo	kontostand
100	maier	karl	essen	2000	1234.56
110	müller	eva	bochum	3000	328.75
120	schmidt	rudi	essen	1000	-500.12
130	huber	marion	hagen	15000	2801.00

Tabelle kunde mit dispokre verknüpft

Selektion von Eva Müller:

110	müller	eva	bochum	3000	328.75

Projektion auf die Kundennummer und den Dispokredit:

110	3000

Zurück zur grauen Theorie: Codd beschrieb in den Achtziger Jahren nochmals, durch die Veröffentlichung von rund dreißig Thesen, was ein relationales Datenbanksystem darstellt. Nach diesen Aussagen ist kein heutiges Datenbanksystem hundertprozentig relational (relational vollständig lt. Codd). Es werden in diesen Thesen beispielsweise gleiche Zugriffszeiten auf alle Datenbankinhalte gefordert. Wir halten diese Aussagen für höchst, jedoch hauptsächlich formaltheoretisch interessant und werden deshalb auf eine Erläuterung derselben an dieser Stelle verzichten. Wenden wir uns nun stattdessen dem praxisorientierten Entwurf relationaler Datenbanken zu.

Zusammenfassung

- Eine **Datenbank** stellt eine Datensammlung mit dazugehöriger Verwaltungsstruktur (**DBMS**) dar.

- Im Laufe der Geschichte haben sich drei verschiedene DB-Arten entwickelt: **Hierarchische**, **Netzwerk-** und **relationale** Datenbanksysteme.

- **Hierarchische Datenbanksysteme** stellen die einfachste, aber auch realitätsfremdeste Struktur dar. Ihre Bedeutung nimmt ständig ab.

- **Netzwerkdatenbanksysteme** unterstützen direkt die Darstellung von Mehrfachbeziehungen, sind allerdings komplexer aufgebaut als hierarchische Datenbanksysteme.

- **Relationale Datenbanksysteme** bestehen aus Tabellen und kennen keine festen Objektbeziehungen. Verbindungen entstehen rein temporär durch kartesische Produktbildung der beteiligten Tabellen.

2 Entwurf relationaler Datenbanken

Eine Datenbank stellt eine Menge von Daten dar, die gruppiert werden müssen, in gewisser Weise zueinander in Beziehung stehen können, für verschiedene Benutzer aufbereitet werden sollen etc. Man kann von einer Miniwelt sprechen, die einen für uns relevanten Teil der realen Welt beinhaltet. Selbst wenn wir nun alle nicht benötigten Objekte und Eigenschaften vernachlässigen, bleibt der Erstellaufwand für den Bau unserer künstlichen Welt noch sehr hoch. Die Art der Problematik ist Ihnen vermutlich nicht neu, der Entwurf von Algorithmen und Datenstrukturen bei der Programmentwicklung ist in gewisser Weise ein ähnlicher Prozeß. Die Softwareentwicklung bedient sich seit vielen Jahren der Idee des **Phasenkonzepts**. Ein komplexes Problem wird nicht auf einmal, sondern in Teilschritten gelöst. Die Vorteile dieser Softwaretechnologie liegen auf der Hand: Überschaubarkeit, Portabilität, in hohem Maße Hard- und Softwareunabhängigkeit usw. Für den Entwurf und Aufbau von Datenbanken hat man ebenfalls Konzepte entwickelt, die in Teilschritten zum Ziel führen.

2.1 Das Drei-Ebenen Modell

Das amerikanische Normungsgremium ANSI/SPARC stellte im Jahre 1975 das Drei-Ebenen Modell für den DB-Aufbau vor. Es würde ein komplettes Buch füllen, alle Grundlagen, Konzepte und Konsequenzen dieser Idee zu erläutern. Dies ist nicht Ziel des Buches, daher begnügen wir uns mit einer Kurzeinführung. Die drei Ebenen heißen: **Externe, konzeptionelle und interne Ebene**. Sie haben klar voneinander getrennte Inhalte und Aufgaben, so daß man eine Datenbank entwerfen kann, ohne sich ständig über das Gesamtproblem und die dazugehörige Komplexität den Kopf zerbrechen zu müssen.

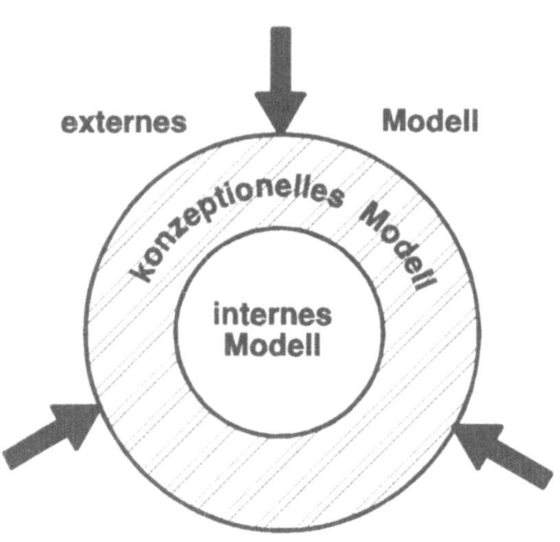

Bild 2.1 Das Drei-Ebenenmodell (stark stilisiert)

Das **externe** Modell beschreibt die reine **Benutzersicht** auf die Daten. Hier wird der für den DB-Anwender sichtbare Teil der Daten aufbereitet, ein bestimmtes Stück des Kuchens. Dies ist sowohl datenschutztechnisch als auch organisatorisch sinnvoll. Ein Firmenmitarbeiter benötigt eventuell die Kontonummer eines Kollegen für Überweisungen, das Gehalt darf er jedoch nicht erfahren. Ein Skifahrer mag sich brennend für die Sonderzüge nach Oberstdorf interessieren, die Kursdaten für Naverkehrszüge nach Bottrop werden ihn jedoch kalt lassen. Diese Sichten, auch Views genannt, werden von SQL unterstützt. Das externe Modell erlaubt dem Anwender, seine Anfragen mit Hilfe einer bestimmten Sprachform zu stellen, sie heißt üblicherweise **DML** (Data Manipulation Language).

Das **interne** Modell beschreibt die rein **physischen Aspekte** der Datenbank. Hier sind die Zugriffsrechte, die Such- und Sortierverfahren etc. vermerkt, die einen wesentlichen Anteil an der Leistungsfähigkeit des gesamten Datenbanksystems haben. Das Verbindungselement, quasi die "Pufferzone" zwischen den beiden sehr gegensätzlichen Modellen ist das konzeptionelle Modell. Es stellt den logischen, von Benutzern und physischen Gegebenheiten unabhängigen Blick auf die DB dar. Hier werden alle Tabellenstrukturen und die dazugehörigen Zugriffspfade verwaltet.

Auch das **konzeptionelle** Modell arbeitet mit einer eigenen Sprache, der **DDL** (Data Description Language). Um nun die drei Modelle koordinieren zu können, existiert ein spezielles Verwaltungsprogramm, das **DBMS** (Database

Management System), dessen Aufgabe an einem kleinen Beispiel demonstriert werden soll. Um einen Überblick über die Kombination all dieser Komponenten zu gewinnen, zeigt folgendes Bild die bisher beschriebenen Bestandteile eines Datenbanksystemes:

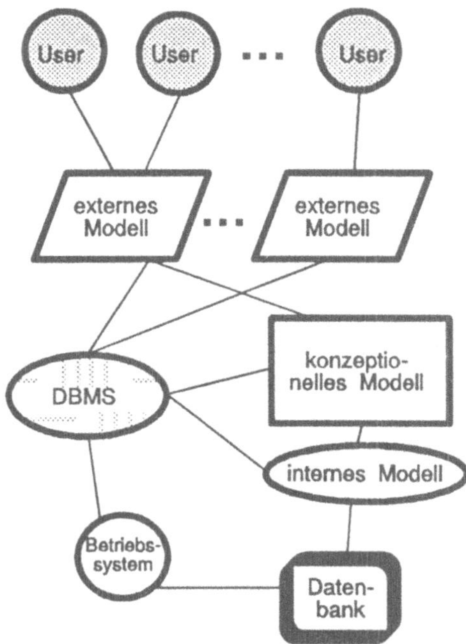

Bild 2.2 Das Drei-Ebenenmodell incl. DBMS

Nehmen wir nun an, ein Anwender möchte einen Datensatz aus einer bestimmten Tabelle lesen, dann sind grob gesehen folgende Stationen zu durchlaufen:

- Das DBMS empfängt den Befehl des Programmes, einen bestimmten Satz zu lesen.

- Das DBMS besorgt die nötigen Definitionen des entsprechenden Satztyps aus dem externen Modell, das das Programm benutzt.

- Jetzt kann das DBMS die notwendigen Elemente des konzeptionellen Modells heranziehen und feststellen, welche eventuellen Beziehungen zwischen den zur Anfrage gehörenden Tabellen bestehen und benötigt werden.

- Das DBMS organisiert nun die benötigten Teile des internen Modells und klärt, welche physischen Sätze zu lesen sind. Es bestimmt die auszunutzenden Zugriffspfade.

- Das Betriebssystem bekommt die Nummern der zu lesenden Speicherblöcke vom DBMS.

- Das Betriebssystem übergibt dem DBMS die verlangten Blöcke.

- Aus den physischen Sätzen stellt nun das DBMS den verlangten Datensatz zusammen (Anordnung in bestimmter Reihenfolge usw.).

- Dieser Satz kann nun dem Anwendungsprogramm übergeben werden.

- Das Anwendungsprogramm verarbeitet die übergebenen Daten und gibt den Satz z.B. auf den Bildschirm.

Wie man sieht, ist selbst eine vergleichsweise einfache Abfrage eines Users schon eine Verknüpfung einer Reihe von komplexen Befehlsabläufen. Wir haben jedoch noch nicht alle Modelle besprochen. Auf eine Analyse des internen Modells wollen wir im Rahmen dieses Buches verzichten, da SQL nicht auf dieser physischen Ebene arbeitet. Die Definition von Benutzersichten, wie sie im externen Modell beschrieben ist, gehört allerdings zu den Aufgaben von SQL. Wir haben dieser Problematik das Kapitel 8 gewidmet. Zum jetzigen Zeitpunkt bleibt also der logische Aufbau der Datenbank, die konzeptionelle Ebene.

Es gibt mehrere Methoden, die diesen Entwurfsprozeß unterstützen. Eine sehr anschauliche und wohl auch die bekannteste, ist das **Entity-Relationship Modell** nach P.Chen. Dieses Modell, übrigens häufig ER-Modell genannt, liefert eine grafische Darstellung der für unser Problem relevanten Daten. Alle uninteressanten Eigenschaften lassen wir weg. Der Umfang eines Buches ist z.B. für eine Bibliotheksverwaltung von äußerst geringem Interesse, ein Verlag, der dieses Buch herausgibt, wird dieser Eigenschaft jedoch einen wesentlich höheren Stellenwert zuweisen.

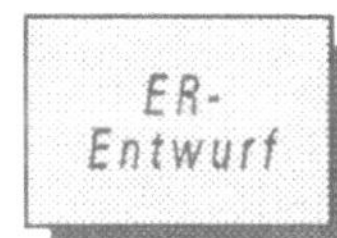

2.2 Der Entity-Relationship Entwurf

Der **ER-Entwurf** beschreibt Objekte (**Entities**) unserer DB-Welt und ihre Beziehungen (**Relations**) zueinander. Objekte sind eindeutig identifizierbar, z.B. ein spezielles Buch, ein Bibliothekskunde (im folgenden Leser genannt). Objekte können auch abstrakt sein, wie beispielsweise ein Verleihvorgang. Natürlich besitzen diese Objekte Eigenschaften, auch Attribute oder Merkmale genannt: Buchnummer, Autorenname, Buchtitel etc. Logisch zusammengehörende Objekte, also alle Objekte eines bestimmten Typs können in Objektmengen zusammengefaßt werden. Zum Beispiel bilden alle Bücher der Bibliothek den Buchbestand. Im Bereich relationaler Datenbanken darf eine Objektmenge (strenge Formalisten mögen jetzt weghören) auch als Tabelle bezeichnet werden, da zumindest in einem ersten Schritt Objektmengen direkt in DB-Tabellen überführt werden. Entity (Objekt)-Mengen werden in ER-Notation als Rechteck dargestellt. Wir benötigen Leser und Bücher für unsere Bibliotheksverwaltung. Welche Eigenschaften sind nun für unsere neuen Objekte wichtig? Beginnen wir bei den Büchern: Autor, Titel, Buchgruppe (Unterhaltungsliteratur, Klassiker etc.) und eine Leihfrist sollten angebbar sein. Leser sollten folgende Attribute aufweisen: Name, Wohnort, Ausleihzahl und ein Eintrittsdatum (für die Treueprämie bei fünfzigjähriger Mitgliedschaft).

Es ist sinnvoll, sich bereits in diesem Stadium Gedanken über Datentypen bzw. Wertebereiche für Attribute zu machen, da dies Mißverständnisse und Ungenauigkeiten aufdecken kann. Wir werden dies in Kapitel 4 präsentieren. Die grafische Darstellungsform von Objekteigenschaften ist der Kreis, der mit Hilfe einer geraden Linie (Kante) mit seiner Menge verbunden ist. Unser Bibliotheksentwurf nimmt langsam Gestalt an:

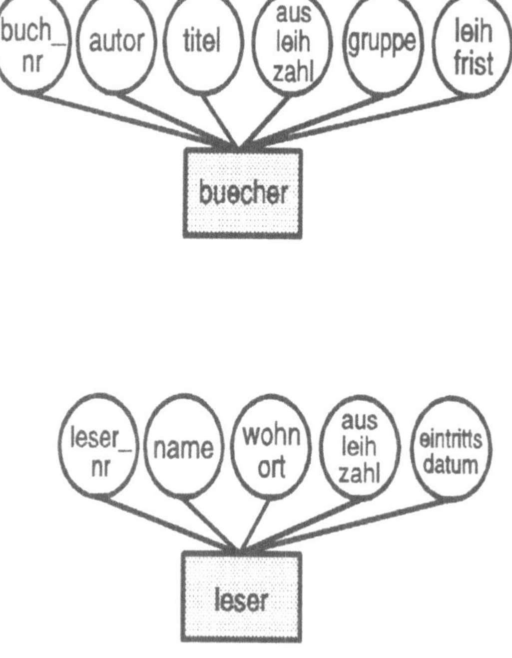

Bild 2.3 Die beiden Objektmengen mit ihren Eigenschaften

Wie bereits erwähnt, soll ein Objekt eindeutig identifizierbar, das heißt von anderen Objekten seiner Menge unterscheidbar sein. Eine Eigenschaft oder Eigenschaftskombi-
nation, die dies garantiert, wird Primärschlüssel genannt

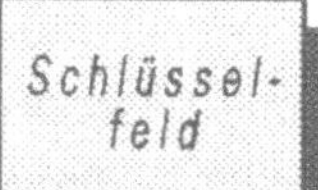

und ist für Datenbanken eine unbedingte Forderung. Stellen Sie sich das
Gesicht des Lesers vor, der eine Mahnung über die Rückgabe von 53 Büchern erhält, obwohl er lediglich zwei entliehen hat, und das nur, weil er
den schönen, jedoch nicht seltenen Namen Maier trägt! Das Finden von
Schlüsseln basiert, wegen der vorausgesetzten Eindeutigkeit, auf zwei
Grundforderungen: Schlüsselfelder besitzen immer einen Wert, d.h. sie sind
nie undefiniert (leer), außerdem ändert sich der Wert eines Schlüssels im
Laufe der Zeit normalerweise nicht. Das scheint relativ einfach zu sein,
doch ist die Schlüsselauswahl mit Sorgfalt zu treffen. Eine Vor- und Nach-
namenkombination ist zum Beispiel schlüsseluntauglich, da sie erstens
nicht eindeutig sein muß (jede große Firma hat mehrere Karl Maier o.ä.)
und außerdem damit zu rechnen ist, daß Namen inkonstant sind. Bruno
Brecher wechselt vielleicht aus ästhetischen Gründen seinen Vornamen und
Frau Schulze wird in Zukunft Müller heißen, da sie heiraten will. Etwas
komplizierter ist der Fall einer PKW-Datenbank gelagert. Hier scheint die
Fahrgestellnummer doch ein eindeutiger Schlüssel zu sein. Was spricht gegen ihn, die sprichwörtliche Ehrlichkeit von Gebrauchtwagenhändlern vorausgesetzt? Ohne fremde Hilfe ändert sich eine Fahrgestellnummer nicht,
trotzdem kann uns hier die verlangte Schlüsseleindeutigkeit zu schaffen
machen. Ein robustes Fahrzeug wird zwar bei mehrfachem Verkauf leicht
altern, aber dagegen gibt es ja auch Mittel und Wege; die Fahrgestellnummer bleibt jedoch erhalten. Unsere Datenbank enthält also mit jedem weiteren Verkauf des Fahrzeugs ein neues Objekt mit der gleichen Fahrgestellnummer. Ein Wagen wird möglicherweise als Neuwagen gekauft und bei
demselben Händler einige Zeit später als Jahreswagen wieder in Zahlung
gegeben. Eine eindeutige Identifizierung des aktuell im Schaufenster glän-
zenden Wagens ist damit unmöglich. Ein Ausweg wäre hier die Einführung
eines weiteren Attributes, einer fortlaufenden Fahrzeugnummer, die jedes
Fahrzeug beim Eintrag in die Datenbank bekommt. Unser bewußter PKW
kann dann trotz gleicher Fahrgestellnummer eindeutig zugeordnet werden.
Zurück zur Bibliotheksverwaltung; da ja weder ein Lesername noch ein
Buchtitel unsere strenge Schlüsselnorm bestehen können, bieten sich hier

folgende numerische Schlüssel an: Buchnummer (buch_nr) und Lesernummer (leser_nr). Diese Attribute sind eindeutig und zeitkonstant. Die Eigenschaft: "nie leer" ist zu erzwingen, d.h. es darf z.B. nie ein Buch ohne Nummer geben. Die von uns angegebenen Schlüssel sind keine natürlichen Objekteigenschaften wie ein Name, Titel usw. Diese künstlich eingebrachten Schlüssel haben den Vorteil der gewünschten Eigenschaften und ersparen uns eine große Attributkombination, wie Vorname, Nachname, Wohnort, Alter eines Kunden als eindeutige Merkmalskette. Die ISBN-Nummer fällt übrigens als Buchschlüssel aus, da nicht alle Bücher eine solche Nummer besitzen. Das Feld könnte daher leer sein. Schlüsselfelder werden in der ER-Darstellung unterstrichen, um sie von Nichtschlüsselattributen zu unterscheiden.

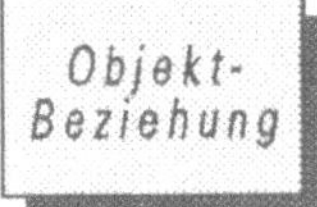

Bis jetzt haben wir ausschließlich einzelne Objekte und ihre Eigenschaften betrachtet. Das ER-Modell soll jedoch auch die Beziehung zwischen den Objekten darstellen können. Beziehungen oder Relationen werden grafisch als Raute dargestellt. Wie im wirklichen Leben gibt es auch in der DB-Welt unterschiedliche Beziehungstypen. Es gibt Beziehungen von ein und mehreren Entity-Mengen, bei zwei betroffenen Mengen unterscheidet man 1:1, 1:n, und m:n Beziehungen. Auf einen detaillierteren Vergleich mit der realen Welt sei hier, vor allem mit Rücksicht auf unsere jugendlichen Leser verzichtet.

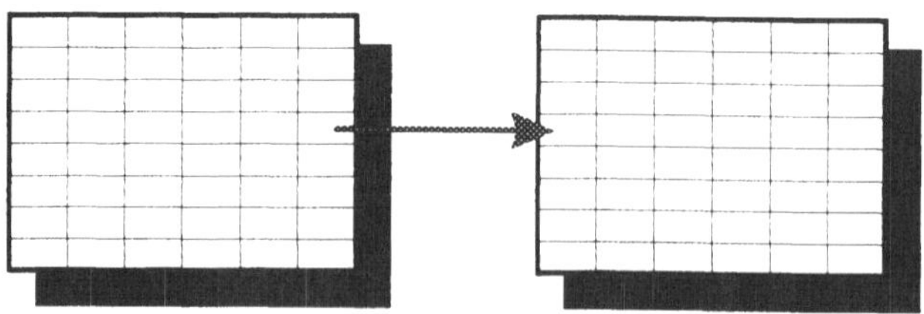

Bild 2.4 Beziehung 1:1; ein Artikel besitzt eine Nummer in der Artikelstammtabelle und tritt mit dieser Nummer ebenfalls genau einmal in einer Preistabelle auf.

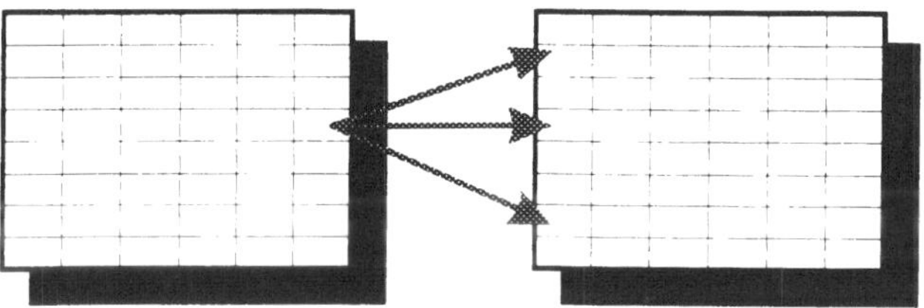

Bild 2.5 Beziehung 1:n; ein Kunde hat mehrere Fahrzeuge gekauft. Seine Kundennummer existiert einmal in der Kundentabelle, n-mal in einer Verkaufstabelle.

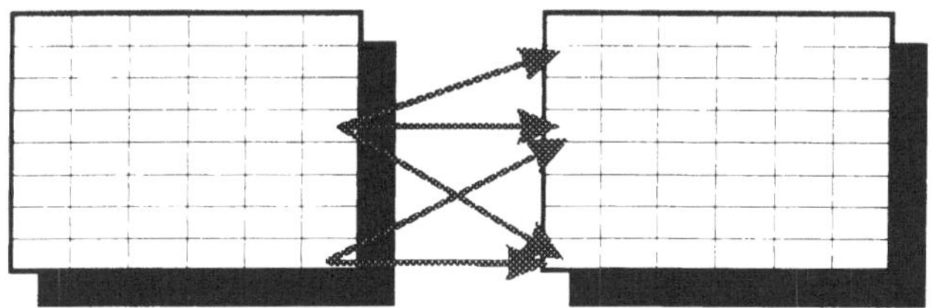

Bild 2.6 Beziehung m:n; in Projekten arbeiten mehrere Mitarbeiter, wobei jeder Mitarbeiter seinerseits an mehreren Projekten beteiligt sein kann.

Nach diesem Beziehungsausflug können wir unsere Bibliotheksdarstellung vervollständigen. Der Hauptsinn einer Bibliothek besteht ja zweifelsfrei im Verleihen von Büchern. Es besteht also eine Beziehung zwischen Büchern und Lesern. Als Eigenschaften dieser Beziehung bieten sich das Ausleih- und das Rückgabedatum an. Um praxisnäher zu sein, haben wir die Fallstudie noch um die Möglichkeiten erweitert, Bücher vorzumerken und Strafen für verspätete Rückgaben zu verlangen.

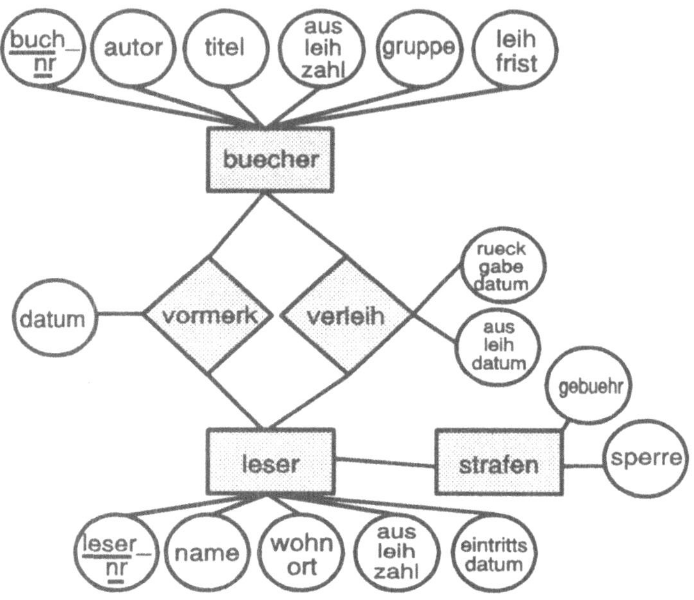

Bild 2.7 Die Bibliothek im ER-Diagramm

Der Schritt zum relationalen Datenmodell ist nun nicht
mehr groß. Hierzu noch einige Fachbegriffe, die allge-
meingültigen Charakter haben und auch in den weiteren
Kapiteln genutzt werden.

Eine **Objektmenge** wird im relationalen DBS als **Tabelle** (= Relation) ab-
gebildet, folglich sind die **Spalten** einer solchen Tabelle unsere **Attribute**,
auch Felder genannt. Die **Entities** entsprechen den Tabellenzeilen und heißen meist **Datensätze**. Die Auswahl von Feldern aus einer Tabelle (z.B. bei
Abfragen) ist eine **Projektion**, die Satzauswahl wird als **Selektion** bezeichnet. Die Verbindung zweier Tabellen nennt sich **Join**. Jetzt gibt es noch
mindestens ein Dutzend verschiedener Schlüsselbegriffe, die, genau genommen, alle besprochen werden müßten. Da wir jedoch kein Buch über
die theoretischen Fundamente des Datenbankdesigns verfassen wollen, be-

gnügen wir uns mit zwei Schlüsselbegriffen, dem **Identifikationsschlüssel**, einem eindeutigen Schlüssel, der als effizienter Suchbegriff häufig genutzt wird. Die zweite Schlüsselart heißt **Fremdschlüssel** (foreign key). Diesen Schlüsseltyp findet man in Beziehungstabellen (siehe unten); er entspricht einem Identifikationsschlüssel einer Entitätsmenge und wird als Verbindungsglied zwischen diesen Tabellen genutzt. Es gilt nun, aus den beiden Arten von Objektmengen (Entitäts- bzw. Beziehungsmengen genannt) Tabellen zu erstellen.

2.3 Vom ER-Modell zur relationalen Datenbank

Entitäts-Objektmengen können im Normalfall direkt mit ihren Eigenschaften in eine Tabelle überführt werden. Es gibt nur wenige Sonderfälle, in denen es möglich ist, eine spezielle Objektmenge, falls sie eine Spezialform einer anderen Objektmenge ist, mit dieser zusammen zu fassen. Wir erhalten also zunächst zwei Tabellen mit den Namen buecher und leser. Nun fehlt allerdings noch die Umsetzung der ER-Beziehungen in entsprechende Relationen bzw. Tabellen. Hier hat unsere Bibliothek zwei **Sorten von Beziehungen** zu bieten: Ein Leser kann mehrere Strafen haben, die Existenz einer Strafe hängt aber garantiert von nur einem Leser ab, dies ist also eine **1:n** Beziehung. Sie wird zu Tabellen umgeformt, indem man die "1"-Seite in eine Tabelle überführt, sowie ihren Identifikationsschlüssel zum sogenannten Fremdschlüssel der zweiten Tabelle werden läßt. Sollte die "n"-Seite eigene Attribute besitzen, so kommen auch sie zur "n"-Tabelle. Unsere Tabelle strafen wäre damit auch komplett. Die Beziehungen, die das Buchvormerken bzw. Buchentleihen darstellen, sind gleichartig. Für Sie gilt also eine Art der Übersetzung in Tabellen. Diese **m:n** Beziehungen benötigen die Identifikationsschlüssel beider beteiligten Tabellen, um eindeutige Sätze ansprechen zu können. In unserem Beispiel sind das leser_nr und buch_nr. Hinzu kommen wieder die zu den Beziehungen gehörenden Eigenschaften, dann sind auch diese Tabellen komplett. Wir haben also folgende Tabellen mit ihren Eigenschaften enthalten (Schlüssel sind kursiv gedruckt):

- buecher (*buch_nr*, autor, titel, gruppe, leihfrist, ausleihzahl)

- leser (*leser_nr*, name, wohnort, ausleihzahl, eintrittsdatum)

- strafen (*leser_nr*, gebuehr, sperre)

- verleih (*leser_nr*, *buch_nr*, ausleihdatum, rueckgabedatum)

- vormerk (*leser_nr*, *buch_nr*, datum)

Unsere Tabellen sind allerdings noch nicht "perfekt". Um ihren Aufbau besser zu strukturieren, nutzt man häufig ein streng formales und mathematisch makelloses Verfahren, die Normalisierung.

2.4 Normalisierung

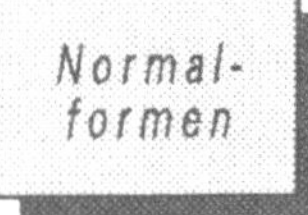

Um Unvollständigkeiten bzw. Inkonsistenzen im DB-Aufbau zu vermeiden, werden Tabellen und ihre Attribute in eine mathematisch eindeutige Form gebracht. Man geht hier schrittweise vor und nennt die jeweiligen Zwischenergebnisse **1. bis 5. Normalform**, wobei meist nur die ersten drei für die EDV von Bedeutung sind, da mit der Zahl der Normalformen auch die Anzahl der notwendigen Relationen (= Tabellen) steigt. Es folgt ein Beispiel, das die Stationen von unnormalisierter zur normalisierten (geordneten) Datenbank zeigt. Diese Schritte sollten von jedem beachtet werden, der Datenbanken neu aufbaut oder reorganisiert. Stellen Sie sich ein Fortbildungsunternehmen mit Dozenten vor, die ihre Schüler in Kursen unterrichten. Dazu gibt es eine Dozenten- und eine Kurstabelle. Dozenten und Kurse werden durchnumeriert. Zunächst liegen die Daten **unnormalisiert** vor :

- dozent (Doz1 Doz2 Ku1 Ku2 Ku3 Ku4 Ku5 Anz_Teiln Plz Ort Raum)

Doz ist der jeweilige Dozent, Ku bezeichnet den Kurs, Anz_Teiln stellt die Anzahl der Teilnehmer dar. Diese Aufteilung ist untragbar, da z.B. für jeden neuen Dozenten die Tabellenstruktur berändert werden müßte. So besagt die erste Regel zur Normalisierung:

1.Schritt: Wiederholungsgruppen zusammenfassen

Daraus folgt für unsere Tabelle eine neue Form, die wir gleich mit Datensätzen gefüllt haben.

dozent					
doz_nr	kurs_nr	anz_teiln	plz	ort	raum
1	1	25	5800	hagen	a
1	2	32	5800	hagen	b
1	3	18	5800	hagen	c
2	1	25	4600	dortmund	a
2	3	18	4600	dortmund	c
2	5	29	4600	dortmund	d

Tabelle dozent in 1.Normalform (redundante Felder eliminiert)

Es folgt der 2.Schritt, die Suche nach **zusammengesetzten Schlüsseln**. Alle zusammengesetzten Schlüssel bilden eine eigene Tabelle. Nur die von einfachen Schlüsseln her abhängigen Attribute werden zusammen in eine Tabelle geschrieben. Anders formuliert bedeutet dies die Suche nach Feldern, die nicht von einer Schlüsselkombination sondern nur von Teilschlüsseln abhängen. Wir teilen also auf.

dozent		
doz_nr	plz	ort
1	5800	hagen
2	4600	dortmund

Tabelle dozent in 2.Normalform

zus_schluess		
kurs_nr	doz_nr	raum
1	1	a
2	1	b
3	1	c
1	2	a
3	2	c
5	2	d

Tabelle zus_schluess in 2.Normalform

kurs	
kurs_nr	anz_teiln
1	25
2	32
3	18
5	29

Tabelle kurs in 2.Normalform

Jetzt liegt die Datenbank in der **zweiten Normalform (2.NF)** vor.

Im dritten Schritt gilt es folgende Bedingungen zu erfüllen:

Alle Nicht-Schlüsselattribute müssen direkt vom Schlüssel abhängig sein oder anders ausgedrückt, es dürfen keine transitiven Nicht-Schlüsselattribute in den Tabellen existieren.

Transitiv bedeutet: $A \rightarrow B \rightarrow C \Rightarrow A \rightarrow C$

Direkt abhängig: $A \rightarrow B \rightarrow C \Rightarrow C \rightarrow A$

Im Beispiel bedeutet dies für die Tabelle dozent:

$Doz\_nr \rightarrow Plz \rightarrow Ort \Rightarrow Doz\_nr \rightarrow Ort$ (transitiv)

oder anders ausgedrückt:

$3 \rightarrow 4600 \rightarrow Dortmund \Rightarrow Dortmund \rightarrow 3$ (direkt abhängig)

Dies ist falsch, es könnte auch Dozent Nummer 2 sein. Beide Bedingungen wurden also widerlegt.

Die Tabelle Dozent muß daher aufgeteilt werden:

plz	
doz_nr	plz
1	5800
2	4600
3	4600

neue Tabelle plz in 3.Normalform

stadt	
plz	ort
5800	hagen
4600	dortmund

neue Tabelle stadt in 3.Normalform

Jetzt liegen die Tabellen in der **dritten Normalform** vor.

Da unsere Bibliotheksdatenbank ebenfalls normalisiert vorliegen soll, wenden wir obige Stufen auch auf die Tabellen buch, leser, strafen, vormerk und verleih an.

Suchen wir also nach Wiederholungsgruppen wie z.B. Feld buch1, buch2, etc., würde dies wieder eine Tabellenstrukturänderung bei jedem neu ausgeliehenen Buch verlangen. Fehlanzeige! Wie sieht es mit dem Test auf die zweite Normalform aus? Auch hier haben wir bereits die notwendigen Tabellen mit den geforderten Schlüsselkombinationen. Es bleibt also nur noch die Prüfung auf Transitivität bzw. direkte Abhängigkeit. Sollte unsere Verleihtabelle z.B. das Feld autor beinhalten, wäre dies ein Fall von nicht existierender direkter Abhängigkeit. Der Autor wäre nur vom Schlüsselteil buch_nr abhängig. Da wir nun auch hier nicht fündig werden, verbleibt nur das Fazit: Alle Tabellen unserer Bibliotheksverwaltung sind normalisiert.

Da wir für die SQL-Befehle der folgenden Kapitel das Bibliotheksbeispiel benutzen wollen, veranschaulichen wir uns die sich aus dem Entwurf ergebenden betrieblichen Abläufe: Jeder Leser und jedes Buch erhält einen eindeutigen Schlüssel und wird mit allen zugehörigen Attributen in der jeweiligen Tabelle eingetragen. Leiht ein Leser ein Buch aus, so werden die Schlüssel leser_nr und buch_nr in der Verleihtabelle mit Ausleih- und Rückgabedatum festgehalten. Leiht er mehrere Bücher aus, so erscheint er folglich auch mehrmals in der Verleihtabelle. Um nachvollziehen zu können, wie oft dieses Buch bereits ausgeliehen wurde, wird das Feld ausleihzahl der Büchertabelle um eins erhöht. Entsprechend wird das Feld ausleihzahl des Lesers erhöht, um zu erkennen, wieviele Bücher er seit Beginn seiner Bibliothekszugehörigkeit entliehen hat. Bei der Rückgabe des Buches, wird der entsprechende Eintrag aus der Verleihtabelle entfernt. Wird das Buch nicht rechtzeitig zurückgegeben, dann werden anfallende Gebühren für den Leser in der Tabelle strafen eingetragen. Ist ein gewünschtes Buch bereits an einen anderen Leser ausgeliehen, so kann man sich das Buch reservieren lassen. Dazu werden Leser- und Buchnummer in die Tabelle vormerk eingetragen. Holt der Leser sein reserviertes Buch ab, wird zusätzlich zum Ausleihvorgang der Vormerkeintrag wieder entfernt.

Zusammenfassung

- Das amerikanische Normungsgremium ANSI/SPARC stellte im Jahre 1975 das **Drei-Ebenen Modell** für den DB-Aufbau vor. Es unterscheidet interne physikalische DB-Belange von Benutzersichtweisen mit Hilfe eines konzeptionellen Schemas.

- Das **Datenbankmanagement** (DBMS) übernimmt die Verwaltung des DB-Systems.

■ Um Objekte, ihre Eigenschaften und Beziehungen darzustellen, wurde
   das **Entity-Relationship Modell** (ER-Modell) entwickelt.

■ Die Objektmengen und Beziehungen können in relationale Tabellen
   überführt werden.

■ Um Unvollständigkeiten bzw. Inkonsistenzen im DB-Aufbau zu vermeiden, werden Tabellen und ihre Attribute in eine mathematisch eindeutige Form gebracht. Man nennt dies **Normalisierung**. Unterschie-
   den werden die erste bis fünfte Normalform (NF), wobei meist nur die
   ersten drei für die Praxis relevant sind.

Übungen

2.1 Wieviele interne und wieviel externe Modelle hat ein Datenbanksy-
     stem?

2.2 Nennen Sie einen Nachteil der Normalisierung.

2.3 Gibt es weitere Attribute, die in einer Bibliotheksverwaltung sinnvoll
     nutzbar wären?

2.4 Welcher Beziehungstyp gilt bei der Kombination Lieferant - Fahr-
     zeug?

3 SQL Überblick

Nachdem wir die Grundlagen von relationalen Datenbanken und deren Entwurf kennengelernt haben, wollen wir nun zum eigentlichen Thema dieses Buches kommen, zu SQL. SQL steht für **S**tructured **Q**uery **L**anguage, was soviel wie strukturierte Abfragesprache bedeutet. Unanfechtbar richtig an diesem Kürzel ist das **L**, denn es handelt sich zweifellos um eine wohldefinierte Sprache. Das **Q** ist dagegen sehr bescheiden, denn SQL ist weit mehr als nur eine Sprache zur Formulierung von Abfragen. Dafür ist das **S** an vielen Stellen etwas übertrieben, und einige der Unzulänglichkeiten von SQL werden uns in den nächsten Kapiteln begegnen. (Eine ausführliche Diskussion der Mängel von SQL ist in [3] zu finden.)

SQL wurde im Rahmen des Projekts SYSTEM R von IBM entwickelt und 1986 als ANSI-Standard verabschiedet. Dieser Standard wurde 1987 in allen wesentlichen Punkten von der International Standards Organisation (ISO) übernommen. Dies ist sicherlich einer der Gründe, warum sich SQL als die Sprache für relationale Datenbanken durchgesetzt hat und Produkte ohne SQL Unterstützung immer seltener werden. Selbst im PC Bereich versuchte Ashton Tate (inzw. Borland) durch Integration von SQL in dBase IV den verlorenen Vorsprung vor der Konkurrenz wiederherzustellen. Der Vorteil für den Datenbankentwickler oder -anwender liegt auf der Hand: ist man einmal der Sprache mächtig, so ist es kein Problem, auf ein anderes System umzusteigen. Alle wesentlichen Aktionen in einer Datenbank, wie Tabellen erzeugen, löschen, verändern oder abfragen, können mit SQL erledigt werden. Neu einarbeiten muß man sich "lediglich" in die vom DB Hersteller mitgelieferten Tools, wie Masken- und Reportgeneratoren etc., und da dies in der Regel aufwendig genug ist, ist die Existenz einer standardisierten Sprache von großem Wert. Der Wermutstropfen in dieser Geschichte ist nur, daß die großzügig mitstandardisierten Mängel der Sprache kaum noch behebbar sind und als Moral nur bleibt: besser ein Standard mit kleinen Mängeln, als kein Standard und allgemeines Chaos.

Um SQL in den großen Reigen der Programmiersprachen einzuordnen, mag die folgende Tabelle hilfreich sein, die in bekannter Weise Sprachen in Generationen einteilt.

1. Generation:	Maschinencode
2. Generation:	Assembler
3. Generation:	problemorientierte Sprachen (Fortran, PL/1, Cobol, Pascal, C, Basic, ...)
4. Generation:	Anwendersprachen (**SQL**, NPL, Natural, ...)
5. Generation:	logische und funktionale Sprachen (Prolog, Lisp, Miranda, ...)

4GL

SQL wird demnach zu den Sprachen der 4. Generation gezählt, die häufig Anwendersprachen genannt werden. Nun sagt diese Klassifizierung noch nichts über das Wesen der Sprache aus, und als erste Besonderheit von SQL ist zu erwähnen, daß es sich um eine logische, mengenorientierte, nicht-prozedurale Sprache handelt. Dies ist besonders gewöhnungsbedürftig für die Kenner einer gewöhnlichen Programmiersprache, womit wir eine Sprache der 3. Generation meinen, zu der ja fast alle Sprachen zählen, die einem spontan einfallen. Die wesentlichen Merkmale dieser (prozeduralen) Sprachen sind Datenstrukturen (Variablen, Datentypen) und Kontrollstrukturen (Verzweigungen, Schleifen), aber gerade diese bietet SQL nicht. An die Stelle von Anweisungen, die vom Rechner Schritt für Schritt abgearbeitet werden und am Ende das gewünschte Ergebnis erzeugen, tritt eine logische Beschreibung dessen, was als Resultat gewünscht wird. Wie dieser Wunsch in die Tat umgesetzt wird, ist dann nicht mehr das Problem des Anwenders, sondern das des SQL Interpreters. Diese höhere Abstraktionsebene erklärt schließlich den Generationssprung von gewöhnlichen Sprachen zu SQL.

Was mit logischer oder nicht-prozeduraler Sprache gemeint ist, sei an einem kleinen Beispiel verdeutlicht. Wir möchten aus unserer Beispieltabelle **buecher** alle Autoren und Titel von ausleihbaren Büchern ausgeben. (Ausleihbare Bücher haben eine Leihfrist von mindestens einem Tag.) Die folgende Tabelle stellt die Lösung in einer (hypothetischen) Sprache der 3. Generation und in SQL gegenüber:

problemorientierte Sprache (3GL)	SQL (4GL)

```open(buecher);```
 	
```while(not EOF(buecher))```
```{```
`    read(buch);`
`    if( buch.leihfrist > 0 )`
`        print(buch.autor, buch.titel);`
```}```
 	
```close(buecher);```
	```select autor, titel```
	```from buecher```
	```where leihfrist > 0;```

In einer problemorientierten Sprache müssen alle Sätze der Tabelle (Datei) explizit gelesen werden. Jeder Satz muß geprüft werden, ob er die geforderte Bedingung (ausleihbar) erfüllt, bevor er ausgegeben werden kann. Außerdem darf nicht über das Ende der Tabelle hinausgelesen werden (while not EOF). Die gesamte Verarbeitung erfolgt satzorientiert, wobei die Datei vor und nach dem Lesen zusätzlich geöffnet, bzw. geschlossen werden muß. Mit der mengenorientierten Arbeitsweise von SQL braucht man sich offensichtlich um all diese Belange nicht zu kümmern. Man sagt einfach, welchen Bedingungen die gewünschten Sätze genügen müssen (where leihfrist > 0), der Rest geschieht automatisch.

Man mag sich bei der Betrachtung dieses Beispiels vielleicht daran erinnern, daß SQL häufig als die außerordentlich mächtige, dafür aber umso leichter erlernbare Datenbanksprache angepriesen wird, mit der man die kompliziertesten Dinge quasi im Handumdrehen erledigen kann. Diese Darstellungen sind leider etwas zu optimistisch. Richtig ist jedoch, daß der Einstieg in SQL wirklich sehr einfach ist. Wie man Tabellen erzeugt, Daten eingibt, verändert oder löscht, wie man einfache Abfragen zustande bringt, all das kann man in einer guten Stunde lernen ohne dabei heißzulaufen. Der Haken ist nur, daß Abfragen einer Datenbank mit mehreren, untereinander verknüpften Tabellen (und das ist der Normalfall), in der Regel nicht so einfach sind, oder schlimmer, einfach aussehen und sich nachträglich als ganz schön verzwickt herausstellen. In den folgenden Kapiteln werden wir ausführlich Gelegenheit haben, Beispiele dieser Art zu studieren.

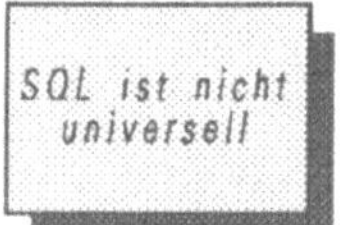

Ein weiterer Punkt, den man immer im Hinterkopf haben sollte ist, daß SQL keine vollständige Programmiersprache ist. Die Sprachen der 3. und 5. Generation sind alle trotz unterschiedlichstem Aufbau in dem Sinne vollständig, als jeder erdenkliche Algorithmus in ihnen formulierbar ist. Das heißt, jedes Fortran Programm kann auch in C oder Prolog, ebenso (wenigstens prinzipiell) umgekehrt geschrieben werden. Es ist eine häufig anzutreffende Eigenschaft der Sprachen der 4. Generation, eben diese Vollständigkeit nicht zu besitzen. Diese Sprachen sind auf spezielle Anwendungen zugeschnitten, wie SQL auf die Bearbeitung relationaler Datenbanken, sie ermöglichen ein effektives Arbeiten mit diesen Anwendungen und versuchen einfach und übersichtlich zu bleiben, verzichten aber auf die Universalität einer "richtigen" Programmiersprache.

Auch im Fall SQL ist das weder ein bedauerliches Versehen, noch ein wirklicher Mangel, denn die Sprache ist von Anfang an so konzipiert, daß sie mit gewöhnlichen Programmiersprachen zusammenarbeiten kann. Diese Absicht ist so tief verankert, daß sogar der ANSI-SQL-Standard einen Mechanismus vorschreibt, wie SQL und eine problemorientierte Sprache zusammenzuarbeiten haben (s. Kapitel 7). In der Praxis zeigt sich, daß SQL allein für fast alle Belange außer komplizierten Berechnungen ausreicht. Jedoch ist die Verbindung von SQL und einer Sprache wie z.B. C derart mächtig, daß jeder professionelle DB-Programmierer darauf zurückgreifen wird. Wir warnen den eingefleischten 3GL-Programmierer jedoch davor, diese Schnittstellen nur zu benutzen, um nicht "unnötig viel" SQL lernen zu müssen. Man kann sicher SQL-Befehle vereinfachen und einen großen Teil der Arbeit auf die prozedurale Programmierung abwälzen. Man verliert dabei jedoch viel von der Effektivität dieser Verbindung und macht sich das Leben unnötig schwer. Außerdem gibt es häufig Abfragen, die schwer zu zergliedern sind, und für die man wohl oder übel alle SQL Register ziehen muß. In diesen Fällen hilft die andere Programmiersprache sowieso nichts. Fazit also: **wer heute effektiv mit relationalen Datenbanken arbeiten will, kommt an einem gründlichen Studium von SQL nicht vorbei.**

Die Befehle der Sprache SQL werden gewöhnlich in drei Klassen eingeteilt:

- **DDL**-Befehle (Data-Definition-Language)

  Mit den Befehlen dieser Klasse werden Datenstrukturen (Tabellen, Indices, etc.) erzeugt, verändert oder gelöscht (s. Kap. 4).

- **DCL**-Befehle (Data-Control-Language)

  DCL-Befehle dienen der Vergabe von Zugriffsrechten in einer Datenbank mit mehreren Benutzern. Man kann mit ihnen z.B. anderen Personen Lese- oder Schreibrechte auf die eigenen Tabellen einräumen und der DB-Administrator benutzt sie, um neue Benutzer einzurichten oder auch "böse Buben" zu maßregeln. (s. Kap. 8)

- **DML**-Befehle (Data-Manipulation-Language)

  Mit diesen Befehlen werden Abfragen und Veränderungen der Datenbank durchgeführt. Sie sind Gegenstand der Kapitel 5 und 6 und das zentrale Thema dieses Buches.

Die Einteilung von SQL-Befehlen in diese Klassen ist formaler Natur, d.h., man braucht bei der Verwendung eines Kommandos nicht zu wissen, welcher Klasse es angehört, sie erleichtert jedoch die Übersicht über den Befehlsvorrat der Sprache.

SQL - Befehlsklassen		
DDL	DCL	DML
create table (Tabellen erzeugen) alter table (Aufbau von Tabellen än- dern) drop table (Tabellen löschen) create index (Index für Tabellen anle- gen) create view (Erzeugen einer virtuel- len Tabelle) rename (Tabellen, Spalten, ... umbenennen)	grant (Zugriffsrechte gewäh- ren) revoke (Zugriffsrechte entzie- hen)	select (Tabellen abfragen) delete (Zeilen einer Tabelle lö- schen) insert (Zeilen in eine Tabelle einfügen) update (Daten in einer Tabelle verändern)

Tabelle 3.1

DML - Befehle Man kann mit gutem Gewissen sagen, daß die vier DML-Befehle die zentralen, aber auch kompliziertesten Anweisungen von SQL sind. (Auch der SELECT-Befehl wird üblicherweise hier eingeordnet, obwohl eine Abfrage natürlich keinerlei Veränderung von Daten bewirkt.) Die restlichen Befehle sind eher statischer Natur, die man ähnlich wie die Kommandos eines Betriebssystems verwendet und die nur wenig zur Dynamik von Transaktionen (s. Kap. 6) beitragen.

Etwas drastisch kann man sogar behaupten, wer SELECT kann, der kann SQL, denn auch um Daten zu löschen, einzufügen oder zu verändern, muß man ja im wesentlichen die Daten finden, die man löschen, einfügen oder verändern will, und das geschieht mit der Technik von SELECT.

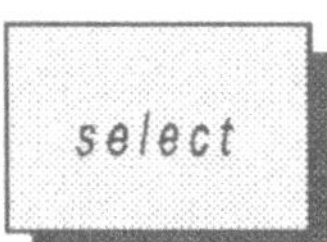

In den folgenden Kapiteln haben wir uns bemüht, SQL-Befehle strukturiert und übersichtlich zu schreiben. Der Grund dafür ist nicht, daß es irgendwelche Regeln gibt, an die man sich halten müßte. Die Sprache SQL ist formatfrei

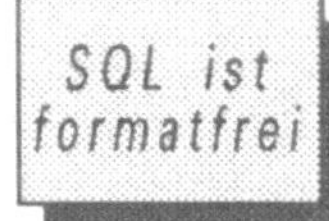

und unterscheidet nicht zwischen Groß- und Kleinschreibung. Ein wenig Selbstdisziplin ist jedoch von Vorteil, besonders wenn man berücksichtigt, daß andere Personen (oder man selbst zu einem späteren Zeitpunkt, was erfahrungsgemäß fast dasselbe ist) eventuell um Verständnis von Sinn und Zweck eines Befehls ringen müssen.

Zusammenfassung

- SQL ist eine weitgehend standardisierte Sprache. Sie arbeitet mengenorientiert und nicht-prozedural und wird den Sprachen der 4. Generation, den Anwendersprachen zugeordnet.

- SQL ist nicht nur eine Abfragesprache, sondern eine Sprache, die alle wesentlichen Operationen in einer relationalen Datenbank ausführen kann. Jedoch können nicht alle erdenklichen Programme in SQL formuliert werden. SQL ist keine vollständige Programmiersprache, sondern auf die Bearbeitung relationaler Datenbanken zugeschnitten. Berechnungen, die nicht mit SQL durchgeführt werden können, können in einer gewöhnlichen Programmiersprache formuliert werden. SQL bietet dazu einen Schnittstellenmechanismus.

- SQL Befehle werden in die Klassen DDL, DCL und DML eingeteilt. Die wichtigste (und schwierigste) ist die DML-Klasse mit den Befehlen SELECT, DELETE, INSERT, UPDATE.

4 Vom Entwurf zur Datenbank

Der Weg zur praktischen Arbeit mit SQL führt zwangsläufig über die Erstellung einer Datenbank. Manche DB-Systeme verwalten mehrere Datenbanken, so daß hier der erste Schritt aus dem Erzeugen einer (zunächst leeren) Datenbank besteht.   Dies geschieht gewöhnlich mit dem Befehl CREATE
DATABASE. Mehr als daß man sich für seine Datenbank noch einen Namen ausdenken muß, ist zu diesem Befehl nicht zu sagen. Im Fall unserer
Bibliothek wäre also der Befehl

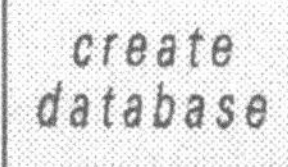

```
create database bibliothek;
```

als angemessen anzusehen.

Der nächste Schritt besteht aus der Realisierung des Da-
tenbankentwurfs (s. Kap. 2). Für jede Relation des Ent-
wurfs wird eine entsprechende Tabelle mit dem Befehl
CREATE TABLE erzeugt. Die allgemeine Form des
Kommandos lautet:

```
CREATE TABLE tabelle
(       spalte_1        typ_1           [NOT NULL],
        spalte_2        typ_2           [NOT NULL],
        ...
        spalte_n        typ_n           [NOT NULL]
);
```

Jede Spalte einer Tabelle bekommt einen Namen, einen Datentyp, und bei
Bedarf den Zusatz NOT NULL. Dabei sollte man jedoch den Primärschlüs-
seln und Wertebereichen (sprich Datentypen) besondere Aufmerksamkeit
schenken. Dies sei am Beispiel der Tabelle buecher erläutert. Um diese
Tabelle aus dem Entwurf korrekt zu erzeugen, sollte man das folgende
Kommando eingeben:

```
create table buecher
(       buch_nr         char(5)         not null,
        autor           char(40),
        titel           char(80),
        gruppe          char(1),
        leihfrist       smallint        not null,
        ausleihzahl     smallint        not null
);
```

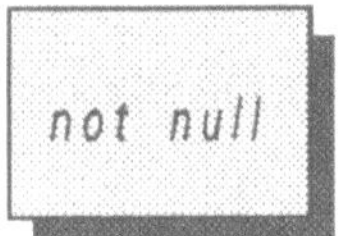

Eine Spalte einer Tabelle als NOT NULL zu deklarieren bedeutet, daß in jedem Feld dieser Spalte tatsächlich ein Eintrag vorhanden sein muß, es darf also nicht leer sein. NULL hat daher nichts mit der Zahl 0 zu tun, sondern bedeutet soviel wie NICHTS. Ein Versuch, in die Tabelle buecher eine Zeile ohne konkrete Werte für die Spalten buch_nr, leihfrist oder ausleihzahl einzufügen, würde unter Protest des Systems scheitern. Nun mag es verschiedene Gründe geben, eine Spalte als NOT NULL zu deklarieren, aber ein ausgesprochen guter Grund ist die Zugehörigkeit des Attributes zum Primärschlüssel der Relation. Die Nummer eines Buches ist ja von uns gerade dazu ausersehen, jedes Exemplar eindeutig zu identifizieren, und selbst wenn wir hundert Exemplare eines Titels führen, so soll doch jedes eine andere buch_nr bekommen. Es macht also überhaupt keinen Sinn und ist im höchsten Grade schädlich, wenn wir Bücher ohne eindeutig vergebene Nummer in unsere Tabelle aufnehmen wollten. In unserem Fall besteht der gesamte Primärschlüssel nur aus der Spalte buch_nr, allgemein sollte man sich aber strikt an die Regel halten: **Jede zum Primärschlüssel gehörende Spalte bekommt den Vermerk NOT NULL.**

Da die Spalte leihfrist nicht zum Primärschlüssel gehört, muß es offenbar einen anderen Grund geben, warum wir hier fehlende Werte nicht zulassen wollen. Der Wert der Spalte leihfrist soll ja benutzt werden, um im Fall einer Ausleihe sofort das Rückgabedatum berechnen zu können und in die Tabelle verleih einzutragen. Außerdem soll der Wert 0 für leihfrist eine Ausleihe überhaupt verhindern. Gäbe es nun Bücher ohne definierten Wert für leihfrist und käme ein Leser mit solch einem zweifelhaften Objekt zum Ausleihterminal, dann müßte das Ausleihprogramm irgendetwas mit diesem fehlenden Wert anfangen. Ein Programmierer kann für diesen Fall drei recht verschiedene Möglichkeiten vorsehen: Der vorsichtige Programmierer nimmt sicherheitshalber an, das Buch sei nicht ausleihbar und behandelt den fehlenden Wert wie eine numerische Null. Der großzügige Programmierer besinnt sich auf die eigentliche Funktion einer Bücherverleihanstalt und setzt einen Standardwert (z.B. 30 Tage) ein. Der sorglose Programmierer schließlich schenkt diesem Fall keine besondere Aufmerksamkeit und läßt das Programm abstürzen.

Klar ist also, daß fehlende Leihfristen nur zusätzlichen Aufwand oder gar Ärger verursachen, daher schiebt der umsichtige DB Designer hier sofort einen Riegel vor und deklariert leihfrist als NOT NULL. Ein ähnlicher Grund liegt für die Spalte ausleihzahl vor. Ein Buch war entweder noch nie ausgeliehen (ausleihzahl = 0) oder es muß dort irgendeine positive ganze Zahl eingetragen sein. Ein fehlender Wert macht keinen Sinn.

Was man nun alles als NOT NULL definiert und was nicht, ist stark von der Anwendung abhängig und kann von "guten Gründen" bis zur "Geschmacksache" reichen. Daß es Bücher ohne Autor gibt, kann man nach kurzer Überlegung feststellen (Nachschlagewerke oder Die Bibel), aber gibt es auch Bücher ohne Titel? Und wenn Nein, sollte man dann nicht auch titel mit besagtem Vermerk versehen? ...

Wichtiger ist in diesem Zusammenhang noch ein anderer Aspekt. Wir können zwar dafür sorgen, daß bestimmte Spalten vollständig mit Werten gefüllt sind, SQL bietet aber keine Möglichkeit, einen Primärschlüssel als solchen zu kennzeichnen (Das ist z.B. ein echter Mangel, der allerdings im neuen SQL2- Standard behoben ist.) und diesen ausdrücklich zu verwalten. Die Spalten buch_nr und leihfrist sind beide schlicht als NOT NULL gekennzeichnet, obwohl die Gründe dafür völlig unterschiedlich sind. Außerdem ist es bislang mit der Eindeutigkeit des Schlüssels nicht zum Besten bestellt. Was hält uns davon ab, in die Tabelle zwei verschiedene Bücher mit gleicher Nummer einzutragen? Bis hierher nur der gesunde Menschenverstand. Glücklicherweise bietet SQL aber einen Mechanismus, die Eindeutigkeit auf andere Weise sicherzustellen, und zwar über einen Index.

create index

Ganz allgemein kann man einen Index für eine oder mehrere Spalten einer Tabelle definieren und er dient eigentlich zur Beschleunigung von Abfragen. Jedoch ist die Möglichkeit, mit einem Index die Integrität der Datenbank sicherzustellen, als ebenso bedeutungsvoll anzusehen. Die allgemeine Syntax zur Erstellung eines Index lautet:

```
CREATE [UNIQUE] INDEX index
ON    tabelle
(     spalte              [ASC|DESC],
      ...                 ...
);
```

unique index

Die Kennzeichnung eines Index als UNIQUE dient der Vermeidung von mehrfachen Werten in einer Spalte. Um den Primärschlüssel unserer Büchertabelle sicher zu machen, müssen wir folgendes Kommando eingeben:

```
create unique index b_buch
on    buecher( buch_nr );
```

Ein Index für eine Tabelle ist in etwa vergleichbar mit dem Index eines Buches. Wenn man einen Begriff sucht, schlägt man im Index nach und findet dort die Seite(n), auf der dieser Begriff zu finden ist. Dieses Verfahren ist auf jeden Fall schneller, als das Buch von vorn bis zum Auftauchen des gesuchten Begriffs zu lesen. Genauso braucht das DB-System eine Tabelle nicht vom Anfang bis zum Ende zu lesen, um die gesuchten Werte zu finden, wenn für die entsprechende Spalte ein Index erzeugt wurde. Der Unterschied zwischen Büchern und Datenbanken ist, daß man Bücher nur liest, Datenbanken aber durchaus auch verändert. Würde man in einem Buch z.B. einige Absätze einfügen, so müßte man danach auch den Index neu schreiben, da sich wahrscheinlich einige Seiten verschoben haben und vielleicht neue Begriffe aufgetaucht sind. Ebenso muß beim Einfügen von Daten in eine Tabelle ein bestehender Index an die neuen Verhältnisse angepaßt werden. Man kann sich gut vorstellen, daß hier auch die geeignete Stelle ist, um das Auftreten von doppelten Werten zu überprüfen. Versucht man also, in eine Tabelle mit einer UNIQUE-INDEX-Spalte einen Wert einzufügen, der in dieser Spalte bereits existiert, dann wird bei der Überarbeitung des Index festgestellt, daß dieser Wert bereits vorhanden ist, und das DB-System weist die Einfügeoperation zurück.

Einen einfachen Index (nicht UNIQUE) legt man gewöhnlich zur Beschleunigung von Abfragen an. Das DB-System muß dann nicht mehr eine ganze Tabelle nach Daten absuchen, sondern kann aufgrund des Index nachsehen, wo diese zu finden sind. Man sollte sich aber schon überlegen, für welche Spalten ein Index Vorteile bringen kann. So ist z.B. ein Index für die Spalte leihfrist nicht sonderlich sinnvoll, wenn man vernünftigerweise annimmt, daß für leihfrist nur wenige verschiedene Werte eingesetzt werden. Wir wollen in unserem Beispiel die Werte 0, 1, 2, 3, 7, 14 und 30 Tage verwenden. Der Extremfall ist sicherlich eine Spalte mit nur zwei verschiedenen Werten. Ein Index wäre hier völlig deplaziert. Stellen wir uns ein Buch vor, dessen Text nur aus den Worten Ja und Nein besteht. Ein Index für dieses Buch sähe dann wahrscheinlich so aus

```
Ja      1,2,3,4, ...
Nein    1,2,3,4, ...
```

Wenn wir also in dieser zugegebenermaßen recht modernen Prosa das Vorkommen von Ja genauer studieren möchten, dann müßten wir das Buch sowieso von der ersten bis zur letzten Seite lesen. Was nützt da ein Index?

Anders ist es mit der Spalte autor. Hier erwarten wir, wenigstens in einer großen Bibliothek, einen Bestand mit sehr vielen verschiedenen Autoren. Außerdem ist anzunehmen, daß bei Literaturrecherchen häufig nach Autoren gesucht wird. Für diese Spalte ist ein zusätzlicher Index daher empfehlenswert. Wir können ihn mit folgendem Befehl erzeugen:

```
create index b_autor
on buecher
( autor );
```

Bei der Definition eines Index kann der Zusatz ASC oder DESC angegeben werden. Das bedeutet, daß der Index auf- oder absteigend sortiert sein soll. Fehlt diese Angabe, so wird aufsteigend sortiert. Bei Abfragen erscheinen dann die Zeilen häufig in der angegebenen Sortierfolge, ohne daß man auf die internen Sortierverfahren zurückgreifen muß. Natürlich kann man bei Abfragen die Reihenfolge jederzeit ändern, nur müssen dann alle Zeilen für die Ausgabe umsortiert werden, und das kostet Zeit.

Auf welche Spalten in einer konkreten Anwendung Indices gelegt werden sollten, kann nicht allgemein angegeben werden. Der DB-Entwickler hat nach Einrichten seiner Datenbank die Antwortzeiten unter realistischen Bedingungen zu testen und darauf zu achten, daß häufige und zeitkritische Abfragen ausreichend schnell bearbeitet werden. Ist das nicht auf Anhieb der Fall (und das ist häufig so), dann kann man durch Indices gezielt versuchen, die Sache ins Lot zu bringen. Ein Erfolg ist dabei jedoch keineswegs garantiert. Und wenn es auch keine strenge Regel für Indices gibt, so gilt doch ganz allgemein: Performance, die man beim Entwurf verschenkt hat, kann durch keine auch noch so raffinierte Indizierung wieder hereingeholt werden. Ein guter Entwurf ist daher immer die Grundvoraussetzung für eine gute Performance.

Wenden wir uns nun den Datentypen zu. Für jede Spalte einer Tabelle muß ein Datentyp vergeben werden. Dabei kann es sich um Zahlen, Zeichen oder auch um ein Datum handeln. Die im ANSI Standard definierten Datentypen reichen in der Praxis gewöhnlich nicht aus und folglich haben viele DB-Hersteller zusätzliche Typen implementiert. Da hier der sichere Pfad des Standards verlassen wird, gibt es in verschiedenen Systemen ein unterschiedliches Angebot. Wir wollen in unseren Beispielen einen Satz von Datentypen benutzen, der zwar über den Rahmen des Standards hinausgeht, der jedoch in dieser oder ähnlicher Form von allen modernen Systemen unterstützt wird.

SQL - Datentypen	
Datentyp	Erläuterung
CHAR(n)	Zeichen oder Zeichenketten (Strings); n ist die Länge des Strings und ist meistens auf ca. 256 begrenzt.
INTEGER	ganze Zahlen (4 Byte)
SMALLINT	ganze Zahlen (2 Byte)
FLOAT	Fließkommazahl (4 Byte)
REAL	Fließkommazahl (4 Byte)
DECIMAL(m [,n])	Dezimalzahl mit m Stellen, n davon nach dem Komma
DOUBLE PRECISSION	Fließkommazahl (8 Byte)
DATE	Datum; nur neuer ANSI Standard (IBM, Informix, Oracle, dBase u.a.)

Tabelle 4.1

Darüber hinaus stellen verschiedene Hersteller noch weitere Typen zur Verfügung und man sollte dieses Angebot ruhig nutzen, denn für den effizienten Umgang mit einer Datenbank ist schon wichtig, daß man für jede Spalte den am besten geeigneten Datentyp auswählt. Auf den noch aktuellen ANSI- Standard sollte man sich nur dann beschränken, wenn man großen Wert auf die Portierbarkeit seiner Anwendung legt.

Der Typ DATE gehört offensichtlich nicht zum bisherigen ANSI-Standard, seine Nutzung ist jedoch in fast allen Anwendungen so hilfreich, daß man keinesfalls darauf verzichten sollte. Man kann damit nicht nur ein Datum im passenden Format speichern, sondern bekommt auch die entsprechende Arithmetik mitgeliefert. Dazu gehört stets eine Funktion (natürlich auch nicht Standard), die das aktuelle Datum liefert, z.B. today (Informix), sys-

date (Oracle) oder current date (IBM). So sind dann Berechnungen wie
"heute + 14 Tage" kein Problem, auch wenn heute der 28. Februar ist.

Die Auswahl der Datentypen für die Tabelle buecher ist nun leicht nach-
vollziehbar. Für die Spalte buch_nr haben wir eine Kette aus 10 Zeichen
vorgesehen. Auch wenn diese Buchnummern in den folgenden Beispielen
nur aus Ziffern bestehen und wir auch einen numerischen Datentyp benutzen könnten, so ist das nicht sinnvoll, da wir mit der Buchnummer keine
Berechnungen durchführen wollen (welche auch?) und so bei Bedarf die
Systematik jederzeit durch Einfügen von Buchstaben erweitern können. Autor und Titel bestehen natürlich aus Zeichenketten, wobei die Länge der
Kette für die Praxis entsprechend lang genug gewählt werden muß. Die
Leihfrist ist in Tagen angegeben, also ein ganzzahliger Wert, ebenso wie
die Ausleihzahl.

Sicher ist Ihnen aufgefallen, daß unsere Tabelle für einen praktischen Bibliotheksbetrieb wenig geeignet ist, weil wir einige wichtige Daten unter
den Tisch gekehrt haben. Autoren haben Vornamen, Bücher haben häufig
mehrere Autoren (siehe dieses) und manchmal auch Herausgeber. Zu einem
Titel gesellt sich oft ein Untertitel, ein nächster Band, oder es erscheint eine
neue Auflage und schließlich gibt es noch einen Verlag, der das Buch herausgebracht hat. Alle diese Dinge (und wahrscheinlich noch mehr) sind für
einen echten Betrieb sicher zu berücksichtigen. Wir wollen uns hier aber
auf die wesentlichen Abläufe konzentrieren und die Beispieltabellen übersichtlich halten. Der gesamte Aufbau der Datenbank und die zentralen Vorgänge (Ausleihe, Rückgabe, Vormerken, etc.) werden durch diese Verein-
fachungen nicht berührt.

Wir können nun die restlichen Tabellen unserer Datenbank erzeugen. Auch
hier haben wir uns stets mit der Vergabe von Attributen aus Gründen der
Übersichtlichkeit zurückgehalten. Wenden wir uns als nächstes der Lesertabelle zu.

```
create table leser
(      leser_nr          char(5)          not null,
       name              char(40)         not null,
       wohnort           char(20)         not null,
       ausleihzahl       integer          not null,
       eintrittsdatum    date
);
```

Die Lesernummer ist der Primärschlüssel dieser Tabelle und bekommt daher zusätzlich zu NOT NULL den folgenden Index:

```
create unique index l_leser
on leser(leser_nr);
```

Leser ohne Namen und Wohnort mögen wir nicht. Man möchte ja doch gern wissen, wo sich die kostbaren Exemplare der Bibliothek befinden, also dürfen auch hier fehlende Werte nicht vorkommen. Für die Anzahl der Ausleihen gilt schließlich dasselbe wie für die der Bücher, also ebenfalls NOT NULL.

Die Verleihtabelle wird wie folgt erzeugt:

```
create table verleih
(      leser_nr          char(5)          not null,
       buch_nr           char(5)          not null,
       ausleihdatum      date             not null,
       rueckgabedatum    date             not null
);
```

Wir müssen uns hier besonders sorgfältig um den Index für den Primärschlüssel kümmern, denn der besteht ja in diesem Fall aus zwei Spalten, leser_nr und buch_nr. Verfahren wir wie in den ersten beiden Fällen und erzeugen die Indices

```
create unique index v_leser
on verleih( leser_nr );

create unique index v_buch
on verleih( buch_nr );
```

dann werden die Leser wahrscheinlich bald etwas verstimmt sein. Die folgende Tabelle erklärt warum. (Zur besseren Lesbarkeit werden anstatt Nummern für Leser und Bücher einfache Namen benutzt.)

Leser (unique index)	Buch (unique index)	Ausleihe	Rück- gabe	Bemerkung
Müller	Reisen	...	...	ok
Meier	Abenteuer	...	...	ok
Schulze	Moral	...	...	ok
Meier	Sport	...	...	Kann nicht vorkommen; doppelter "Meier"
Schmidt	Angeln	...	...	ok

Tabelle 4.2

Das Ergebnis dieser Aktion wäre also, daß der Leser **Meier** das Buch **Sport** nicht ausleihen kann, da er bereits einmal in der Verleihtabelle auftaucht. Ganz allgemein kann in dieser Bibliothek jeder Leser höchstens ein Buch ausgeliehen haben, und das erscheint uns doch etwas zu restriktiv.

Zur Lösung dieses Problems müssen wir erreichen, daß nicht jede der Primärschlüsselspalten für sich eindeutig ist, vielmehr muß jede Kombination der Attribute eindeutig sein, d.h. in unserem Fall, jede **leser_nr, buch_nr** Kombination darf nur einmal vorkommen. Um diesen gewünschten Index zu erzeugen, müssen wir folgenden SQL-Befehl eingeben:

```
create unique index v_leser_buch
on verleih( leser_nr, buch_nr );
```

Nun kann auch unser Herr Meier das Sportbuch ausleihen, da sich der Eintrag (Meier, Sport) ja von (Meier, Abenteuer) unterscheidet. Was jetzt nicht mehr passieren kann, ist, daß ein Leser ein Buch zur gleichen Zeit zweimal ausgeliehen hat. Sie werden sagen, "Das geht ja sowieso nicht!", dennoch kann man sich vorstellen, daß in einer großen Bibliothek mit viel Betrieb (wie etwa in einer Universität zu Semesterbeginn) ein solcher Fall durch ein Versehen entstehen könnte. Dank des soeben erzeugten Index haben wir hier jedoch einen Riegel vorgeschoben.

Noch unwahrscheinlicher, aber immer noch denkbar, ist der sicher höchst unerwünschte Fall, daß ein Buch zweimal an verschiedene Leser verliehen wird. Der gerade erzeugte Index bietet dagegen keinen Schutz. SQL erlaubt aber, mehrere Indices für eine Tabelle zu erzeugen, und durch den folgenden zusätzlichen Index

```
create unique index v_buch
on verleih( buch_nr );
```

können wir unsere Verleihtabelle nun endgültig wasserdicht gegen die oben genannten Mißgechicke machen. (Wir können natürlich nicht erzwingen, daß die Ausleihe eines Buches überhaupt in der Tabelle vermerkt wird. Dafür bleibt schon das Personal am Ausleihschalter verantwortlich.)

Schließlich müssen noch die Tabellen **vormerk** und **strafen** erzeugt werden, was nun kein Problem mehr sein sollte.

```
create table vormerk
(     leser_nr          char(5)          not null,
      buch_nr           char(5)          not null,
      datum             date             not null
);

create unique index vm_leser_buch
on vormerk( leser_nr, buch_nr );
```

Mit dem Index wollen wir erreichen, daß ein Leser ein Buch höchstens einmal vormerken kann. Natürlich kann ein Leser mehrere Bücher vormerken, und verschiedene Leser können das gleiche Buch vormerken.

```
create table strafen
(       leser_nr            char(5)              not null,
        gebuehr            decimal(6,2),
        sperre             date
);

create unique index s_leser
on strafen( leser_nr );
```

Der Index **s_leser** bewirkt, daß pro Leser nur eine Zeile in der Tabelle vermerkt sein darf. In der Spalte **gebuehr** steht dann jeweils die Summe aller Gebühren, die ein Leser für verspätet zurückgebrachte Bücher zu zahlen hat. Man kann sich ebensogut eine andere Variante vorstellen, in der die Gebühren eines Lesers für jedes überzogene Buch separat eingetragen werden. In unseren Beispielen wollen wir wie oben angegeben verfahren.

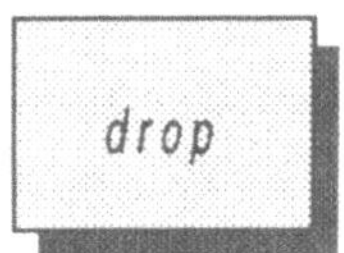

Mit den Befehlen **create table** und **create index** haben wir die wichtigsten DDL-Befehle dargestellt. Bleibt zu erwähnen, daß es natürlich auch die Möglichkeit geben muß, eine Tabelle oder einen Index zu löschen. Die Befehle dazu lauten:

```
DROP TABLE tabellenname;

DROP INDEX indexname;
```

Darüber hinaus existieren gewöhnlich noch die Befehle **ALTER** und **RENAME**, die zum Einfügen oder Löschen von Spalten in Tabellen dienen, bzw. zum Umbenennen eines Objekts benutzt werden können. Da sie nicht zum derzeitigen SQL-Standard gehören, ist ihre Verwendung und Mächtigkeit nicht einheitlich. Sie sind jedoch einfach anzuwenden, deshalb verzichten wir hier auf Beispiele und verweisen auf die Befehlsübersicht des DB-Systems Ihrer Wahl.

Zusammenfassung

■ Mit dem Befehl CREATE TABLE werden Tabellen in einer Datenbank definiert. Jede Tabelle bekommt einen Namen und die Spalten einer Tabelle werden mit einem Namen, einem Datentyp und eventuell mit dem Vermerk NOT NULL versehen. Alle Spalten, die zum Primärschlüssel einer Tabelle gehören, sollten auf jeden Fall als NOT NULL definiert werden.

■ Um die Eindeutigkeit des Primärschlüssels einer Tabelle zu gewährleisten, wird der Befehl CREATE UNIQUE INDEX eingesetzt. Besteht der Schüssel einer Tabelle aus mehreren Spalten, so ist der Index für alle Spalten gemeinsam zu definieren. Mit dem Befehl CREATE INDEX kann eine Beschleunigung von Abfragen erreicht werden. Für eine Tabelle können mehrere Indices in einer beliebigen Mischung beider Varianten erzeugt werden.

■ Um Datenobjekte aus der Datenbank zu löschen, kann der Befehl DROP eingesetzt werden. Zum Ändern und Umbenennen stehen gewöhnlich die Befehle ALTER und RENAME zur Verfügung.

Übungen

4.1   Gegeben sei folgende Tabelle:

Zeilennr.	Spalte 1	Spalte 2	Spalte 3
1	A	0	x
2	A	1	z
3	C	1	z
4	B	0	y
5	D	1	y
6	B	1	x
7	A	1	x
8	B	0	z
9	D	0	z
10	C	1	z
11	B	0	y
12	B	1	y

(Die Spalte mit den Zeilennummern gehört natürlich nicht zur Tabelle und dient nur der Orientierung.)

Welche Zeilen dürfen in der Tabelle nicht vorkommen, wenn für die verschiedenen Fälle a - d) die angegebenen Indizes erzeugt werden sollen:

a)   unique index auf Spalte 1 und index auf Spalte 3

b)   unique index auf Spalte 1 und unique index auf Spalte 3

c)   unique index auf (Spalte 1, Spalte 3)

d)   unique index auf (Spalte 1, Spalte 2, Spalte 3)

5 Datenbank Abfragen

Der SELECT-Befehl ist sicher der wichtigste und am meisten benutzte Befehl. Jede Anfrage an eine Datenbank beginnt mit dem Wort SELECT und je anspruchsvoller sie ist, umso mehr Mühe macht es in der Regel, das entsprechende SELECT-Kommando zu erstellen. Es kommt jedoch auch gar nicht so selten vor, daß sich eine Fragestellung recht einfach anhört, der entsprechende Befehl aber keineswegs einfach zu formulieren ist. Ein weiterer Grund, sich mit SELECT ausführlich zu beschäftigen ist, daß man alle Techniken zur Abfrage von Datenbanken auch zu deren Veränderung mit DELETE, INSERT und UPDATE einsetzen muß.

Als erstes wollen wir uns einen Überblick verschaffen, wie das SELECT-Kommando funktioniert.

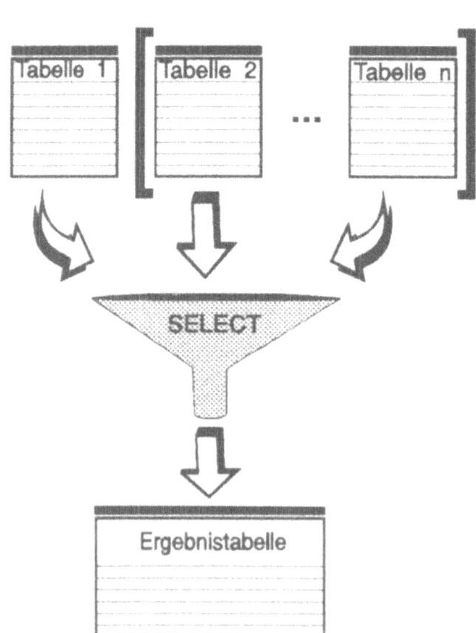

Bild 5.1   Arbeitsweise SELECT

Der Befehl kann also auf eine oder mehrere Tabellen der Datenbank zugreifen und die gesuchten Informationen aus ihnen herausfiltern. Das Ergebnis der Suche ist grundsätzlich ebenfalls eine Tabelle, die zwar nicht automatisch in der Datenbank neu angelegt wird, sondern zunächst nur auf dem Bildschirm erscheint, die aber dem relationalen Modell entsprechend stets aus einer Anzahl Zeilen und Spalten besteht. Im Extremfall kann diese Ergebnistabelle natürlich sehr klein sein, z. B. eine Zeile und eine Spalte, oder falls die Anfrage kein Ergebnis bringt, überhaupt keine Zeilen und Spalten. Die Auswahl der Spalten für die Ergebnistabelle nennt man **Projektion**, die der Zeilen **Selektion**. Werden für die Anfrage Daten aus mehreren Tabellen benötigt, so spricht man von einem **Join**.

Als nächstes wollen wir nun einen Blick auf die Syntax des SELECT-Befehls werfen.

```
SELECT [ALL|DISTINCT] { spalten| * }
FROM tabelle [alias] [tabelle [alias]]...
[ WHERE { bedingung|subquery } ]
[ GROUP BY spalten [ HAVING {bedingung|subquery} ]]
[ ORDER BY spalten [ASC|DESC]... ]
```

Auf den ersten Blick wirkt das in dieser formalen Schreibweise etwas abschreckend, aber wenn man genauer hinschaut, erkennt man an den vielen eckigen Klammern, daß man fast alles weglassen kann, außer den zwei notwendigen Zutaten, die mit SELECT und FROM beginnen. Da die Ursprünge von SQL unter anderem in der mathematischen Logik liegen, spricht man bei den einzelnen Teilen des SELECT-Befehls von Klauseln, also von der SELECT-Klausel, der FROM-Klausel, der WHERE-Klausel, u.s.w.

In einer nicht-prozeduralen Sprache wie SQL spielt die Reihenfolge der Klauseln im Grunde keine Rolle. Gerade diese Tatsache soll ja durch die Bezeichnung "nicht-prozedural" ausgedrückt werden. Dies ist ein wichtiger Unterschied zu gewöhnlichen Programmiersprachen. Jedem Programmierer ist klar, daß

```
x=0
x=5
print x
```

ein anderes Ergebnis liefert, als

```
x=5
x=0
print x
```

Auch wenn nun die Reihenfolge der Klauseln des SELECT-Befehls prinzipiell belanglos ist, so gibt es doch einige rein formale Regeln, an die man sich halten muß. Die SELECT-Klausel muß am Anfang stehen, danach kommt FROM. Wenn es eine WHERE-Klausel gibt, so muß sie nach FROM kommen und ORDER BY hat immer am Ende zu erscheinen. Nimmt man das alles zusammen, so bleiben nicht mehr allzuviel Freiheiten übrig und man macht sich das Leben am leichtesten, wenn man die Klauseln stets in der oben angegebenen Reihenfolge angibt. Das bedeutet jedoch keineswegs, daß sie auch in dieser Reihenfolge abgearbeitet werden. Wie ein SQL-Befehl genau ausgeführt wird, kann letztlich das Geheimnis des SQL-Interpreters bleiben, und da wir es mit einer Sprache der 4. Generation zu tun haben, sollte uns das eigentlich auch nicht interessieren. Was wir natürlich benötigen, ist ein angemessenes Modell eines SQL-Interpreters, das uns erlaubt, aus einer aktuellen Fragestellung den richtigen SQL-Befehl abzuleiten, oder umgekehrt. Wir werden darauf zu einem späteren Zeitpunkt zurückkommen und wollen uns zunächst mit einfachen Anwendungen des Befehls beschäftigen.

5.1 Einfache Abfragen

Projektion, Selektion, ORDER BY, AND, OR, NOT, IN, LIKE, IS NULL, BETWEEN

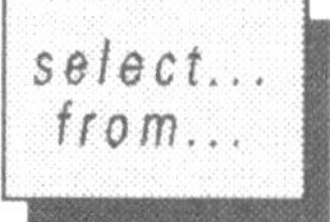

Wie sieht nun der einfachste aller möglichen SELECT-Befehle aus? Sehen wir nochmal auf die Syntax, so stellen wir fest, daß wir am wenigsten Schreib- und Denkarbeit

mit dem Befehl

```
SELECT     *
FROM       tabelle
```

haben. Natürlich muß für **tabelle** eine konkrete, in der Datenbank existie-
rende Tabelle angegeben werden. Wählen wir z. B. unsere Tabelle **buecher**, so liefert das Kommando

```
select     *
from       buecher;
```

als Ergebnis den gesamten Inhalt der Tabelle **buecher** auf dem Bildschirm.
Das Zeichen * ist dabei eine Abkürzung für alle Spalten der Tabelle. Natürlich können wir uns auch eine Auswahl von Spalten aus einer Tabelle anzeigen lassen, und der Befehl

```
select     autor, titel
from       buecher;
```

zeigt uns wieder alle Zeilen der Tabelle **buecher** an, diesmal jedoch nur die
Spalten **autor** und **titel**. In der SELECT-Klausel sind die Spalten zu nennen, die in der Ergebnistabelle erscheinen sollen, also handelt es sich hier
um den **Projektionsteil** des SELECT-Befehls. Es ist selbstverständlich
nicht erlaubt, Spalten anzugeben, die nicht in der Tabelle existieren. (Im
nächsten Abschnitt wird erläutert, welche Dinge man doch selektieren kann,
auch wenn sie nicht in der Tabelle vorkommen.) Erlaubt ist jedoch, die
Reihenfolge der Spalten zu verändern, und auf dem Monitor erscheinen
diese dann in der Reihenfolge wie angegeben und nicht etwa wie in der Tabelle ursprünglich definiert.

Ebenso nützlich wie einfach anzuwenden ist die ORDER
BY Klausel. Sie bietet die Möglichkeit, durch Nennen ei-
ner oder mehrerer Spalten die Ausgabe nach beliebigen
Kriterien zu sortieren. Wenn also das Ergebnis der obigen

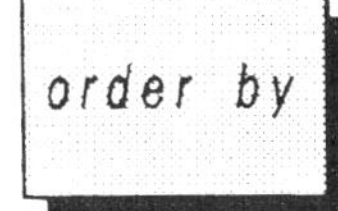

Abfrage nach Autoren sortiert sein soll, so brauchen wir nur ein order by
autor anzufügen.

```
select      autor, titel
from        buecher
order by    autor;
```

Nun ist sichergestellt, daß alle vorhandenen Bücher nach Autoren alphabetisch sortiert ausgegeben werden. Die Reihenfolge der Titel eines Autors ist
aber nach wie vor unbestimmt, so daß Goethes Werther eventuell vor Goethes Faust erscheinen würde. Sollen auch die einzelnen Werke eines Autors
noch sortiert werden, so ist die Klausel einfach als order by autor, titel zu
schreiben. Auf diese Weise können beliebige Sortierhierarchien aufgebaut
werden.

Die Angabe von order by autor ist gleichbedeutend mit order by autor
asc. Das bedeutet, ohne spezielle Zusätze wird stets aufsteigend sortiert.
Nun kann es natürlich wünschenswert sein, die Sortierfolge umzukehren, z.
B. wenn man nach Ausleihhäufigkeit sortieren möchte und dabei die am
häufigsten verliehenen Bücher zuerst sehen möchte. In diesem Fall muß der
Zusatz desc angegeben werden.

```
select      *
from        buecher
order by    ausleihzahl desc;
```

Aufsteigend und absteigend sortierte Spalten können auch gemischt werden, um etwa nach Autoren alphabetisch, verschiedene Büchern eines Autors aber absteigend nach Ausleihzahlen zu sortieren.

```
select      autor, titel, ausleihzahl
from        buecher
order by    autor, ausleihzahl desc;
```

Außerdem können die Spalten, nach denen sortiert werden soll, nicht nur
über ihren Namen, sondern auch über ihre Position in der SELECT-Klausel angegeben werden. Der letzte Befehl kann daher auch als

```
select      autor, titel, ausleihzahl
from        buecher
order by    1, 3 desc;
```

angegeben werden. Diese Schreibweise ist insbesondere dann nützlich, wenn im Projektionsteil statt einer einfachen Spalte ein arithmetischer Ausdruck steht, dessen Wert wir zur Sortierung benutzen möchten.

Eigentlich kommt es eher selten vor, daß alle Zeilen einer Tabelle angezeigt werden sollen. Vielmehr wird oft gezielt nach Zeilen gesucht, die für eine bestimmte Fragestellung interessant sind. Zur Realisierung dieser Selektion dient

die WHERE-Klausel. Sie bewirkt, daß nur die Zeilen einer Tabelle ausgegeben werden, die den in der WHERE-Klausel gestellten Bedingungen genügen. Wollen wir uns z. B. alle noch nie verliehenen Bücher ausgeben lassen, also gewissermaßen unsere Ladenhüter entlarven, so müssen wir nach Büchern mit der Ausleihzahl Null Ausschau halten.

```
select      *
from        buecher
where       ausleihzahl = 0;
```

Diese Abfrage ist jedoch ungerecht, da sie auch alle Bücher erwischt, die zwangsläufig den Wert ausleihzahl = 0 haben, weil sie nicht ausleihbar sind. Um also die tatsächlichen Ladenhüter zu bekommen, müssen wir zusätzlich zur Bedingung "noch nie verliehen" die Bedingung "jedoch ausleihbar" hinzufügen.

```
select      *
from        buecher
where       ausleihzahl = 0
and         leihfrist > 0;
```

Durch die zusätzliche Bedingung leihfrist > 0 wird die Menge der auszugebenden Zeilen auf unsere gesuchten Exemplare eingeschränkt.

and, or, not

Mit dem Operator **AND** können beliebig viele Bedingungen verknüpft werden. Jede zusätzliche Bedingung schränkt dabei die Menge der Ergebniszeilen ein. Dies ist zwar die in der Praxis am häufigsten vorkommende Variante, jedoch gibt es wie in gewöhnlichen Programmiersprachen außer **AND** noch die logischen Operatoren **OR** und **NOT**. In der **WHERE-Klausel** können Bedingungen beliebig mit **AND** und **OR** verknüpft werden, bzw. einzelne Teilbedingungen mit **NOT** negiert werden. Wollen wir z. B. eine Übersicht aller ausleihbaren Bücher aus den Gruppen Unterhaltung und Sport, so können wir das wie folgt formulieren:

```
select      *
from        buecher
where       ( gruppe = 'U' or gruppe = 'S' )
and         not leihfrist = 0;
```

Treten in der **WHERE-Klausel** wie in diesem Beispiel **AND** und **OR** Bedingungen gemischt auf, so ist die Reihenfolge der Auswertung ggf. durch Klammern festzulegen. (Eine Übersicht über Operatoren und ihre Prioritäten gibt Tabelle 5.1)

So ist

```
(gruppe = 'U'  or  gruppe = 'S') and not leihfrist = 0
```

etwas anderes als

```
gruppe = 'U' or (gruppe = 'S' and not leihfrist = 0).
```

Im zweiten Fall werden nämlich alle Unterhaltungsbücher ausgegeben, und nur die Sportbücher werden auf Ausleihbarkeit überprüft. Sicher ist Ihnen auch aufgefallen, daß wir für **not leihfrist = 0** weiter oben die Formulierung **leihfrist > 0** benutzt haben. Da Leihfristen immer positive Zahlen sind, sind beide Bedingungen tatsächlich gleichwertig. Allgemeiner ist aber **not leihfrist = 0** immer gleichwertig mit **leihfrist != 0**, wobei **!=** der Ungleich Operator ist, der häufig auch als **<>** geschrieben wird. Bei komplexen Verknüpfungen gibt es häufig mehrere Schreibweisen, deren Äquivalenz auf der Boolschen Algebra beruht. Hier zwei wichtige Beispiele (nach de Morgan):

not(gruppe='U' and leihfrist=0)	$\Longleftrightarrow$	not gruppe='U' or not leihfrist=0
not(gruppe='U' or leihfrist=0)	$\Longleftrightarrow$	not gruppe='U' and not leihfrist=0

Für die letzte vorgestellte Beispielabfrage gibt es eine Alternative für den Operator OR.

```
select      *
from        buecher
where       gruppe in ( 'U', 'S' )
and         not leihfrist = 0;
```

Die Bedingung mit dem IN-Operator ist dann erfüllt, wenn der Wert für **gruppe** mit einem der in Klammern angegebenen Werte übereinstimmt, und das trifft genau für den Fall **gruppe** = 'U' oder **gruppe** = 'S' zu. Natürlich können auch mehr oder weniger als zwei Werte in der Klammer angegeben werden.

Welche Mittel werden zur Mustersuche bereitgestellt? Hier glänzt SQL durch Übersichtlichkeit, denn es gibt im Standard nur den Operator LIKE. (Die meisten Hersteller haben weitere Operatoren bzw. Funktionen hinzugefügt und auch

der SQL2-Standard sieht hier in Zukunft eine erweiterte Palette vor.) Wie bekommen wir eine Liste von Büchern aller Autoren, die mit "A" beginnen?

```
select      *
from        buecher
where       autor like 'A%';
```

In einem String hat das Zeichen % eine Sonderbedeutung. Es steht für eine
beliebige Zeichenkette, auch die leere. Die gestellte Abfrage erwischt also
alle Autoren, die mit einem großen A beginnen, danach irgendetwas, not-
falls auch gar nichts.

Manchmal ist es praktischer, einen Platzhalter für genau ein Zeichen zu
verwenden, z.B. wenn wir einen Autor 'Meier' suchen und nicht wissen, ob
er sich Meier, Meyer, Maier oder Mayer nennt. Mit dem Ausdruck like
'M%er' finden wir zwar alle gesuchten, aber eventuell noch viele, viele
mehr (z.B. Müller) und effektiver geht es mit like 'M _ _ er' . Dabei ist _
der Platzhalter für ein beliebiges Zeichen. (Für DOS und UNIX Kenner: %
entspricht * und _ entspricht ?. Mächtigere Mittel, wie z.B 'M[ae][iy]er'
oder reguläre Ausdrücke sind, wenigstens im Standard, nicht vorgesehen.)

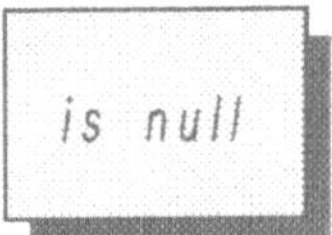

Eine Besonderheit ist noch die Suche nach NULL Werten.
Wollen wir eine Liste aller gesperrten Leser ausgeben, so
müssen wir in der Tabelle strafen nach Einträgen in der
Spalte sperre Ausschau halten. Steht dort nichts (NULL),
so hat der Leser Strafe für nicht rechtzeitig zurückgegebene Bücher zu zahlen, er ist jedoch nicht gesperrt. Man kann auf die Idee kommen, nach einem nicht leeren String zu suchen oder die Bedingung not sperre = null zu
benutzen. Die zweite Idee ist besser und schon fast richtig, man muß sich
nur die spezielle Formulierung merken.

```
select      *
from        strafen
where       sperre is not null;
```

Allgemein muß auf NULL Werte immer über is null oder is not null gete-
stet werden. Das muß man sich halt einfach merken. (Der Grund für diesen
abweichenden Ausdruck ist, daß NULL-Werte unbestimmt und eigentlich
zu nichts gleich sind, nicht einmal zu sich selbst und die Benutzung des
Gleichheitszeichens daher unangemessen ist.)

Ein eigentlich überflüssiger, aber sehr praktischer Operator ist BETWEEN. Wollen wir alle Bücher ausgeben, deren Leihfrist zwischen einem und 14 Tagen liegt, so können wir das direkt hinschreiben.

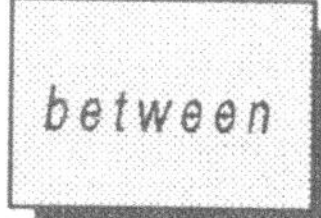


```
select      *
from        buecher
where       leihfrist between 1 and 14;
```

Für BETWEEN gibt es stets eine, allerdings aufwendigere Alternative mit AND.

```
select      *
from        buecher
where       leihfrist >= 1
and         leihfrist <= 14;
```

Stellen wir nun die Operatoren, die uns SQL bietet, noch einmal übersichtlich zusammen.

SQL-Operatoren		
Operator	Bedeutung	Priorität
+	Addition	1
-	Subtraktion	1
*	Multiplikation	0
/	Division	0
=	gleich	2
!=	ungleich	2
>	größer	2
<	kleiner	2
>=	größer gleich	2
<=	kleiner gleich	2
AND	logisches UND	4
OR	logisches ODER	5
NOT	Negation	3
[NOT] IN	[nicht] in der Menge	2
IS [NOT] NULL	[nicht] NULL-Wert	2
[NOT] BETWEEN ... AND ...	[nicht] zwischen ... und ...	2

Tabelle 5.1

Eine kleinere Zahl bedeutet dabei eine höhere Priorität, also eine stärkere Bindung, als dies bei einer größeren Zahl der Fall wäre. Die folgende monströse Bedingung

```
x > 1  and  not y < 2
or  z != 7  and  x + y in (1,2,4,8)
or  x - z between 0 and x*z
```

würde so ausgeführt, als wäre sie geschrieben als

```
((x > 1)  and  (not (y < 2)))
or  ((z != 7)  and  ((x + y) in (1,2,4,8)))
or  ((x - z) between 0 and (x*z))
```

5.2 Built-In Funktionen und Arithmetik

MIN, MAX, SUM, AVG, COUNT; DISTINCT

Der SQL-Standard bietet neben den vier Grundrechnungsarten + , - , * , / genau fünf arithmetische Funktionen mit den Namen min, max, sum, avg und count. Viele Datenbankhersteller haben eine Fülle weiterer Funktionen hinzugefügt, die jedoch wegen ihrer Unterschiedlichkeit hier nicht behandelt werden sollen. Wir wollen allerdings eine Funktion hinzunehmen, die das aktuelle Datum liefert und nennen sie today (Informix).

Um den Einsatz der Grundrechnungsarten zu demonstrieren, wollen wir abweichend von unserem Standardbeispiel folgende Tabelle benutzen:

buchungen		
datum	einnahme	ausgabe
1. Juni	25.30	17.20
2. Juni	45.00	38.90
3. Juni	33.50	28.70

Der Befehl

```
select      einnahme,
            ausgabe,
            einnahme - ausgabe
from        buchungen;
```

liefert dann folgendes Ergebnis:

einnahme	ausgabe	einnahme - ausgabe
25.30	17.20	8.10
45.00	38.90	6.10
33.50	28.70	4.80

In der Ausgabe wird also zusätzlich zu den Daten aus der Tabelle die Differenz der Spalten angezeigt. Die Überschrift der neu erzeugten dritten Spalte ist gleich dem arithmetischen Ausdruck. Wir können nun die Abfrage ein wenig abwandeln, um die dritte Spalte mit einem anderen Namen zu versehen.

```
select      einnahme,
            ausgabe,
            einnahme - ausgabe  Gewinn
from        buchungen;
```

Wir erhalten dann das Ergebnis:

einnahme	ausgabe	Gewinn
25.30	17.20	8.10
45.00	38.90	6.10
33.50	28.70	4.80

Wir können für eine Spalte einen **Aliasnamen** vergeben, indem wir einfach hinter dem Spaltennamen oder arithmetischen Ausdruck einen anderen Namen angeben. Er darf jedoch keine Leer- oder Sonderzeichen enthalten.

Wir sehen in diesem Beispiel eine Möglichkeit, mit dem SELECT-Befehl eine Spalte auszugeben, die ursprünglich nicht in der Tabelle enthalten ist. Die Anzahl der Möglichkeiten, dies zu tun, sind jedoch beschränkt. Entweder handelt es sich um arithmetische Ausdrücke oder Funktionen, oder um Konstanten. Ein Beispiel für die Selektion einer Konstante wäre:

```
select      'Gewinn: ',
            einnahme - ausgabe
from        buchungen;
```

Gewinn:	einnahme - ausgabe
Gewinn:	8.10
Gewinn:	6.10
Gewinn:	4.80

Wie bekommen wir nun eine Übersicht über unsere Gesamtumsätze und Gewinne? Dazu kann die Funktion sum benutzt werden:

```
select      sum(einnahme) Einnahmen,
            sum(ausgabe) Ausgaben,
            sum(einnahme) - sum(ausgabe) Gewinn
from        buchungen;
```

Einnahmen	Ausgaben	Gewinn
103.80	84.80	19.00

Wir erhalten das gleiche Ergebnis, wenn wir die Spalte Gewinn durch den Ausdruck sum(einnahme - ausgabe) berechnen. Um zu bestimmen, mit welcher prozentualen Gewinnspanne wir im Mittel arbeiten, können wir folgenden Befehl eingeben

```
select  ( sum(einnahme) / sum(ausgabe)  - 1 ) * 100
from    buchungen;
```

und erhalten als Ergebnis den Wert (103.80 / 84.80 - 1) * 100 = 22.41.

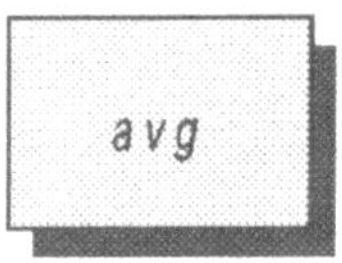

Um den Einsatz der restlichen SQL-Funktionen zu zeigen, kehren wir zu unserer Bibliothek zurück und berechnen als erstes die durchschnittliche Ausleihzahl von ausleihbaren Büchern.

```
select      avg(ausleihzahl)
from        buecher
where       leihfrist > 0;
```

Durch die WHERE-Klausel werden zunächst alle nicht ausleihbaren Bücher ausgeschlossen, d.h. sie gehen nicht in den Durchschnitt ein. Bei den übrigen Büchern wird über die Ausleihzahlen gemittelt. Suchen wir nun einmal die Ausleihzahl des am häufigsten verliehenen Buches. Dazu kann die Funktion max benutzt werden.

```
select      max(ausleihzahl)
from        buecher;
```

Damit kennen wir die Zahl, wissen aber noch nicht, welches Buch zu dieser Zahl gehört. Die naheliegende Idee, sich Autor und Titel dieses Buches durch die folgende Abfrage mit anzeigen zu lassen, ist **falsch!**

```
select      autor, titel, max(ausleihzahl)
from        buecher;
```

Warum? Nach der mengenorientierten Arbeitsweise von SQL werden bei einer Abfrage alle Zeilen einer Tabelle ausgegeben, die nicht durch Bedingungen im Selektionsteil ausgeschlossen werden. Der oben angegebene SQL-Befehl besitzt nun aber gar keinen Selektionsteil (keine WHERE-Klausel), folglich werden auch keine Zeilen ausgeschlossen, also alle Zeilen ausgegeben. Nehmen wir an, unsere Büchertabelle bestehe aus den folgenden Zeilen

buecher		
autor	titel	ausleih-zahl
Goethe	Faust	10
Schiller	Die Räuber	12
Goethe	Wahlverwandtschaften	6
	Das Guinnessbuch der Rekorde	9
Lessing	Nathan der Weise	7
Goethe	Faust	5
	Enzyklopädie der Klassik	4

Im Projektionsteil wird festgelegt, welche Spalten angezeigt werden sollen, und das sind Autor, Titel und die größte aller Ausleihzahlen, was zum folgenden merkwürdigen Ergebnis führt:

autor	titel	max(aus-leihzahl)
Goethe	Faust	12
Schiller	Die Räuber	12
Goethe	Wahlverwandtschaften	12
	Das Guinnessbuch der Rekorde	12
Lessing	Nathan der Weise	12
Goethe	Faust	12
	Enzyklopädie der Klassik	12

Es gibt auch SQL-Interpreter, die die Bearbeitung des gerade gezeigten Beispiels verweigern, da sie im gemeinsamen Auftreten der Funktion MAX, die als Ergebnis genau eine Zeile liefert, und anderen Spalten einen Widerspruch erkennen. (s. auch Abschnitt 5.3)

Der Versuch, das am meisten gelesene Buch zu ermitteln, scheitert zur Zeit sogar noch an zwei Dingen. Zum einen können wir zwar die richtige Zahl ermitteln, nicht aber Autor und Titel dazu, zum anderen handelt es sich dabei ja nur um das am meisten gelesene Exemplar. Ein Blick auf die Beispieltabelle zeigt, daß zwar bei Schillers Räubern die größte Ausleihzahl auftritt, daß aber die beiden Exemplare von Goethes Faust zusammen häufiger ausgeliehen wurden und ihm daher die Ehre zuteil werden müßte. Die Lösung dieses scheinbar so einfachen Problems müssen wir also auf die folgenden Abschnitte verschieben.

Wenden wir uns nun der Funktion count zu. Sie dient dem Zählen von Zeilen oder Spalteneinträgen. Eine Antwort auf die Frage "Wieviele Bücher haben wir eigentlich?" liefert die Abfrage:

```
select      count(*)
from        buecher;
```

und gemäß der letzten Beispieltabelle erhalten wir als Antwort die Zahl 7.

Die Formulierung count(*) bedeutet, daß alle Ergebniszeilen einer Anfrage gezählt werden und nur die Anzahl der Zeilen, nicht aber ihr Inhalt ausgegeben wird. So würde die Frage "Wieviele ausleihbare Bücher haben wir?" durch die Abfrage

```
select      count(*)
from        buecher
where       leihfrist > 0;
```

beantwortet. Außer COUNT(*) gibt es noch die Varianten COUNT(spalte) und COUNT(DISTINCT spalte). Betrachten wir dazu nochmal einen Ausschnitt der Büchertabelle:

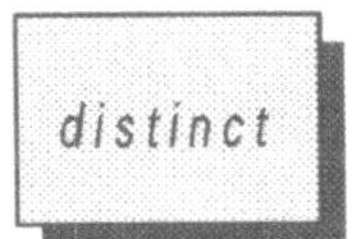

buecher	
autor	titel
Goethe	Faust
Schiller	Die Räuber
Goethe	Wahlverwandtschaften
	Das Guinnessbuch der Rekorde
Lessing	Nathan der Weise
Goethe	Faust
	Enzyklopädie der Klassik

Diese Tabelle enthält 7 Zeilen. Stellen wir nun die Anfrage

```
select        count( autor )
from          buecher;
```

so erhalten wir als Antwort die Zahl 5, da in der Spalte autor 5 Felder einen
von NULL verschiedenen Wert haben. Stellen wir die Anfrage in der Form,

```
select        count( distinct autor )
from          buecher;
```

dann bekommen wir den Wert 3, da in der Spalte autor nur 3 verschiedene
Autoren aufgeführt sind. DISTINCT kann also benutzt werden, um mehrfach vorkommende Objekte nur einmal zu zählen. Genau denselben Zweck
erfüllt DISTINCT auch in der SELECT-Klausel selbst. Wie ein kurzer
Blick auf die Syntax des SELECT-Befehls zeigt, muß die Abfrage

```
select        distinct  autor, titel
from          buecher;
```

ein erlaubter Befehl sein. Wie in der COUNT Funktion bewirkt DISTINCT
auch hier die Unterdrückung von mehrfach vorkommenden Zeilen. In diesem Beispiel erwischt es den Faust von Goethe, der ja zweimal vorkommt
und als Ergebnis erhalten wir:

autor	titel
Goethe	Faust
Schiller	Die Räuber
Goethe	Wahlverwandschaften
	Das Guinnessbuch der Rekorde
Lessing	Nathan der Weise
	Enzyklopädie der Klassik

5.3 GROUP BY ... HAVING

Die GROUP BY Klausel dient dem Zweck, Informationen aus einer Tabelle gezielt zusammenfassen zu können. (Die Wirkung ist vergleichbar mit der von "Assoziativen Arrays", also Feldern, deren Indices nicht aus ganzen Zahlen, sondern aus beliebigen Zeichenketten bestehen können.) Sie ist ein mächtiges Hilfsmittel und ersetzt ganze Programmabschnitte, wenn man die Lösung des gleichen Problems mit SQL und einer gewöhnlichen Programmiersprache vergleicht. Die Funktion dieser Klausel ist am einfachsten anhand einiger Beispiele zu verdeutlichen. Betrachten wir dazu wieder die kurze Version unserer Büchertabelle.

buecher			
buch_nr	autor	titel	ausleihzahl
1	Goethe	Faust	10
2	Schiller	Die Räuber	12
3	Goethe	Wahlverwandtschaften	6
4		Das Guinnessbuch der Rekorde	9
5	Lessing	Nathan der Weise	7
6	Goethe	Faust	5
7		Enzyklopädie der Klassik	4

Wir wollen nun die Summe der Ausleihzahlen nach Autoren aufgeschlüsselt ermitteln.

group by

```
select     autor,
           sum( ausleihzahl )
from       buecher
group by   autor;
```

autor	sum(ausleihzahl)
Goethe	21
Schiller	12
	13
Lessing	7

Pro Autor werden also die Werte in der Spalte ausleihzahl addiert. Auch die Zeilen ohne Autor haben wir in diesem Beispiel zusammengefaßt. Ob ein SQL-Interpreter das tut, ist nicht mit Sicherheit vorherzusagen. Im letzten Abschnitt haben wir noch als Begründung für die Formulierung IS NULL die Ungleichheit von NULL zu allem, sogar zu sich selbst angeführt. Nach dieser Philosophie dürften die Bücher ohne Autor nicht zusammengefaßt werden, die meisten SQL-Interpreter liefern jedoch das gerade gezeigte Ergebnis ab.

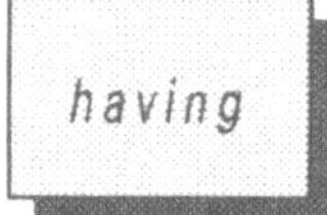

Die HAVING-Klausel ist vergleichbar der WHERE-Klausel. Sie kann eingesetzt werden, um aus dem Ergebnis eines SELECT mit GROUP BY noch spezielle Zeilen auszuwählen. HAVING kann nur im Zusammenhang mit einem vorangestellten GROUP BY eingesetzt werden. Wollen wir z.B. nur Autoren mit hoher Gesamtausleihzahl sehen, z.B. mehr als 10, dann können wir folgende Abfrage einsetzen

```
select     autor,
           sum( ausleihzahl )
from       buecher
group by   autor
having     sum( ausleihzahl ) > 10;
```

und erhalten als Resultat

autor	sum(ausleihzahl)
Goethe	21
Schiller	12
	13

In dieser Tabelle tritt der Lessing nicht mehr auf, da er einen Wert von insgesamt mehr als 10 Ausleihen nicht erreicht hat.

GROUP BY ... HAVING und WHERE schließen sich keineswegs aus. Nehmen wir einfach den folgenden Befehl und analysieren das Ergebnis:

```
select      autor,
            sum( ausleihzahl )
from        buecher
where       ausleihzahl > 5
group by    autor
having      sum( ausleihzahl ) > 10;
```

autor	sum(ausleihzahl)
Goethe	16
Schiller	12

Das Zustandekommen dieser Ausgabe kann man sich folgendermaßen erklären: Im ersten Schritt werden alle Zeilen aus buecher gestrichen, die den Bedingungen der WHERE-Klausel nicht genügen. Das betrifft die beiden letzten Zeilen und für die nächsten Schritte bleibt übrig

buch_nr	autor	titel	ausleihzahl
1	Goethe	Faust	10
2	Schiller	Die Räuber	12
3	Goethe	Wahlverwandtschaften	6
4		Das Guinnessbuch der Rekorde	9
5	Lessing	Nathan der Weise	7

Im nächsten Schritt folgt das GROUP BY.

autor	sum(ausleihzahl)
Goethe	16
Schiller	12
	9
Lessing	7

Im letzten Schritt werden die Zeilen gestrichen, die nicht die HAVING Bedingung erfüllen und wir erhalten als Endergebnis

autor	sum(ausleihzahl)
Goethe	16
Schiller	12

Es ist sehr wichtig, sich das Zusammenspiel der drei Klauseln WHERE,
GROUP BY und HAVING genau klarzumachen (s. Abschnitt 5.5), da sie
den grundlegenden Mechanismus einer einfachen Abfrage bereitstellen, der
bei komplexeren Vorgängen mehrfach und in geschachtelter Form auftreten
kann.

Die Möglichkeiten der GROUP-BY-Klausel sind nicht auf die Gruppierung nach einer Spalte beschränkt. Wollen wir nicht die Summe der Ausleihzahlen pro Autor, sondern pro Buchtitel wissen, so ist die GROUP-BY-Klausel auf autor und titel anzuwenden.

```
select     autor,
           titel,
           sum( ausleihzahl )
from       buecher
group by   autor, titel;
```

autor	titel	ausleihzahl
Goethe	Faust	15
Schiller	Die Räuber	12
Goethe	Wahlverwandtschaften	6
	Das Guinnessbuch der Rekorde	9
Lessing	Nathan der Weise	7
	Enzyklopädie der Klassik	4

In dieser Abfrage werden nun die Ausleihzahlen für die Zeilen summiert, in denen die Werte für autor und titel übereinstimmen. Das betrifft in diesem Beispiel nur Goethes Faust, der als einziges Buch zweimal vorhanden ist.

Noch eine allgemeine Bemerkung zu GROUP BY. Jeder SELECT-Befehl, der ein GROUP BY enthält, muß gewissen formalen Ansprüchen genügen, damit er ausführbar ist. Betrachten wir folgenden Befehl:

```
select     s1, s2, s3
from       t
group by   s1, s2;
```

Dieser Befehl ist so sicher nicht ausführbar. Alle Zeilen, in denen s1 und s2 übereinstimmen, sollen ja durch die GROUP-BY-Operation zusammengefaßt werden. Was geschieht bei dieser Zusammenfassung aber mit den verschiedenen Werten von s3? Betrachten wir folgendes Beispiel

t		
s1	s2	s3
a	x	7
b	y	3
b	y	6
a	x	1
b	y	9

dann erkennen wir sofort die Unmöglichkeit dieses Befehls.

s1	s2	s3
a	x	7,1 ??
b	y	3,6,9 ??

Es ist also unbedingt erforderlich, die Werte der Spalte s3 in irgendeiner Form zu einem Wert zusammenzufassen, und das kann nur durch eine der Funktionen min, max, sum, avg oder count geschehen. Der Befehl kann daher nur in folgender Form korrekt sein:

```
select    s1, s2, f( s3 )
from      t
group by  s1, s2;
```

wobei f eine der 5 Funktionen ist. Entsprechend muß bei einer anderen Gruppierung auch die Funktion f auf eine andere Spalte angewendet werden, z.B.:

```
select      s1, f( s2 ),  s3
from        t
group by    s1, s3;
```

Das bedeutet, auf alle Spalten, die im Projektionsteil aufgeführt werden, die aber nicht in der GROUP-BY-Klausel stehen, muß eine der 5 SQL-Funktionen angewendet werden. (Falls Ihr SQL-Interpreter weitere Funktionen zu bieten hat, kann es natürlich auch eine andere geeignete sein.)

5.4 Joins I: Inner Joins

Bislang haben wir nur Daten aus einer Tabelle selektiert. Nun sind Datenbanken mit nur einer Tabelle allerdings eine ausgesprochene Seltenheit, und entweder handelt es sich dabei um eine langweilige Datenbank, wie eine einfache Telefonliste, oder um eine schlecht entworfene, nicht normalisierte. In unserem Fall haben wir es mit einer Reihe von Tabellen zu tun und die ebenso einfache wie wichtige Frage "Welcher Leser (mit Namen) hat welches Buch (mit Autor und Titel)" bringt die Information der drei Tabellen buecher, leser und verleih in Beziehung. Ein Blick auf die SELECT-Syntax zeigt, daß in der FROM-Klausel mehrere Tabellen angegeben werden können und immer dann, wenn dort mehr als eine Tabelle steht, spricht man von einem Join. Um die Leser zu den verliehenen Büchern zu ermitteln, ist es aber nicht damit getan, einfach die beteiligten Tabellen anzugeben, wie etwa

```
select      autor, titel,
            name,
            rueckgabedatum
from        buecher, leser, verleih;
```

Rein formal ist dieser Befehl korrekt. (Er liefert auch ein Ergebnis, sogar eines von überwältigendem Umfang.) Um aber einen Join zu bilden, der das gewünschte Ergebnis liefert, müssen (fast) immer zusätzliche Bedingungen in der **WHERE-Klausel** formuliert werden, sogenannte **Join-Bedingungen**.

Der Grund liegt darin, daß ein Join zweier Tabellen im Grunde eine völlig neue Tabelle ist, und zwar eine von weit größerem Umfang. Sie besteht nämlich aus der Kombination aller Zeilen der ersten Tabelle mit allen Zeilen der zweiten. Eine solche Verknüpfung nennt man das **kartesische Produkt** der Tabellen. Ein kurzes Beispiel soll das verdeutlichen. Gehen wir von zwei Tabellen U und V mit den Spalten u1, v1 und v2 und folgendem Inhalt aus:

U
u1
a
b
c

V	
v1	v2
x	2
y	1

Die Tabelle U besitzt eine Spalte und drei Zeilen, V besitzt zwei Spalten und zwei Zeilen. Die Kombination aller Zeilen aus U und V ergibt die Produkttabelle U x V.

U x V		
u1	v1	v2
a	x	2
a	y	1
b	x	2
b	y	1
c	x	2
c	y	1

Diese Tabelle hat drei Spalten, nämlich alle Spalten aus U und V, und sechs Zeilen, nämlich die Anzahl Zeilen in U mal der Anzahl Zeilen in V. (Die Spalten v1 und v2 der Tabelle V werden selbstverständlich nicht durchkombiniert. Der Partner von x bleibt immer 2 und der von y bleibt 1. Eine Vermischung der Zeilen innerhalb der Tabelle V würde ja deren Inhalt zerstören.)

Allgemein gilt: das kartesische Produkt einer Tabelle U mit u_1 Spalten und u_2 Zeilen und einer Tabelle V mit v_1 Spalten und v_2 Zeilen ist eine Tabelle U x V mit $u_1 + v_1$ Spalten und $u_2 v_2$ Zeilen.

Was können wir nun mit dem kartesischen Produkt buecher x verleih anfangen, um dem Ziel näherzukommen, eine Liste der ausgeliehenen Bücher mit Namen und Autoren erstellen zu können? Dazu konstruieren wir wieder ein kurzes Beispiel für die Tabellen.

buecher		
buch_nr	autor	titel
1	Goethe	Faust
2	Schiller	Die Räuber
3	Goethe	Wahlverwandtschaften
4		Das Guinnessbuch der Rekorde
5	Lessing	Nathan der Weise
6	Goethe	Faust
7		Enzyklopädie der Klassik

verleih	
leser_nr	buch_nr
A	3
C	1
A	6

Stellen wir nun die Anfrage

```
select      *
from        buecher, verleih;
```

so erhalten wir als Ergebnis in der Tat das Produkt buecher x verleih.

buch_nr	autor	titel	leser_nr	buch_nr
1	Goethe	Faust	A	3
2	Schiller	Die Räuber	A	3
3	Goethe	Wahlverwandtschaften	A	3
4		Das Guinnessbuch der Rekorde	A	3
5	Lessing	Nathan der Weise	A	3
6	Goethe	Faust	A	3
7		Enzyklopädie der Klassik	A	3
1	Goethe	Faust	C	1
2	Schiller	Die Räuber	C	1
3	Goethe	Wahlverwandtschaften	C	1
4		Das Guinnessbuch der Rekorde	C	1
5	Lessing	Nathan der Weise	C	1
6	Goethe	Faust	C	1
7		Enzyklopädie der Klassik	C	1
1	Goethe	Faust	A	6
2	Schiller	Die Räuber	A	6
3	Goethe	Wahlverwandtschaften	A	6
4		Das Guinnessbuch der Rekorde	A	6
5	Lessing	Nathan der Weise	A	6
6	Goethe	Faust	A	6
7		Enzyklopädie der Klassik	A	6

Dieses Ergebnis zeigt uns eine Menge von Zeilen, in denen uns die Information wie wahllos durcheinandergewürfelt erscheint. Vor allem erkennen wir, daß die Spalte buch_nr zweimal vorkommt, einmal aus der Tabelle buecher und einmal aus verleih. Dabei stehen z.B. Daten zum Buch 7 mit Daten zum Buch 1 in einer Zeile nebeneinander. Dies kann hier nicht sinnvoll sein und um die richtigen Zeilen herauszusuchen, müssen wir uns auf die Zeilen beschränken, in denen nur Daten zu einem einzigen Buch zu finden sind, d.h. die buch_nr auf der linken Seite muß gleich der auf der rechten sein. Wenn wir dies in ein SQL-Kommando bringen wollen, tritt ein Problem auf. Wir müssen die beiden Buchnummern voneinander unterscheiden. Dazu bietet SQL die Möglichkeit, den Tabellennamen und einen Punkt vor einen Spaltennamen zu setzen, wenn in verschiedenen Tabellen Spalten mit gleichem Namen auftreten. Der Befehl lautet nun

```
select      *
from        buecher, verleih
where       buecher.buch_nr = verleih.buch_nr;
```

b.buch_nr	autor	titel	leser_nr	v.buch_nr
3	Goethe	Wahlverwandtschaften	A	3
1	Goethe	Faust	C	1
7	Goethe	Faust	A	7

Es erscheint überflüssig, die Buchnummer zweimal anzeigen zu lassen und wir können den Befehl wie folgt schreiben

```
select      buecher.buch_nr,
            autor,
            titel,
            leser_nr
from        buecher, verleih
where       buecher.buch_nr = verleih.buch_nr;
```

buecher.buch_nr	autor	titel	leser_nr
3	Goethe	Wahlverwandtschaften	A
1	Goethe	Faust	C
7	Goethe	Faust	A

An dieser Stelle haben wir immerhin schon einmal die Daten von verliehenen Büchern mit den zugehörigen Nummern der jeweiligen Leser zusammengestellt.

Joins in dieser Form kommen sehr häufig vor und SQL bietet die Möglichkeit, für Tabellennamen sogenannte Aliasnamen in der FROM-Klausel zu vergeben, die dann in den anderen Klauseln des Befehls benutzt werden **müssen**! Im folgenden Befehl vergeben wir für die Büchertabelle den Alias b und für die Verleihtabelle v.

```
select      b.buch_nr,
            autor,
            titel,
            leser_nr
from        buecher b, verleih v
where       b.buch_nr = v.buch_nr;
```

Im Projektionsteil ist die Angabe der Tabelle natürlich nur für die Spalten erforderlich, die in mehreren Tabellen mit gleichem Namen vorkommen. Bei eindeutigen Namen kann darauf verzichtet werden.

Warum wird nun für eine einfache Sache wie Joins ein so enormer Aufwand getrieben? Betrachten wir nochmals das kartesische Produkt der Tabellen buecher und verleih, so sehen wir, daß in der großen Mehrzahl der Zeilen schlicht und einfach Unsinn steht und wir niemals einen Join dieser Tabellen ohne die Bedingung where b.buch_nr = v.buch_nr benutzen werden. Warum macht SQL diese sinnvolle oder gar sinngebende Einschränkung nicht automatisch? Der Grund ist, daß wir Dinge wissen, von denen die Datenbank keine Ahnung hat. Wir haben auch keine Möglichkeit, der Datenbank unser Wissen mitzuteilen. Woher soll sie wissen, daß wir mit der Spalte buch_nr in den Tabellen buecher und verleih tatsächlich dasselbe Attribut desselben Objektes meinen und daher eine Verknüpfung unterschiedlicher Buchnummern in einer Zeile stets Unsinn ergibt? Und woher nehmen wir die Sicherheit, daß es grundsätzlich keine sinnvolle Verknüpfung ohne diese Join-Bedingung geben kann? (Wir werden in allen weiteren Beispielen zur Bibliothek keine finden, aber später ein anderes Beispiel konstruieren, bei dem solche Verknüpfungen Sinn machen.) Wir haben also durch die Join-Strategie von SQL zwar etwas mehr Schreib- und Denkarbeit, dafür aber die volle Freiheit zur Verknüpfung aller Informationen in der Datenbank, denn **das kartesische Produkt ist genau die Verknüpfung, die jede Information in der Datenbank zu jeder anderen in Beziehung setzen kann, ohne eine Vorauswahl zu treffen oder überflüssige Redundanz einzuführen.**

Wir sind mit unseren Joins nun soweit gelangt, daß wir uns zu den ausgeliehenen Büchern die entsprechende Nummer des Lesers anzeigen lassen können. Wir wollten uns aber ursprünglich auch den Namen des Lesers mit ausgeben lassen und dazu benötigen wir eine Information, die nur in der Tabelle leser vorhanden ist. Wir müssen in der FROM-Klausel jetzt drei Tabellen angeben und erhalten folglich auch das kartesische Produkt der drei Tabellen. Ob zwei oder drei (oder mehr) Tabellen ist aber kein grundsätzlicher Unterschied. Wie bei der gewöhnlichen Multiplikation dreier Zahlen, die man schlicht als xyz schreibt, ist die Reihenfolge beim Ausrechnen ohne Belang. Ob man (xy)z oder x(yz) rechnet, hat auf das Ergebnis keinen Einfluß. Genauso verhält es sich mit den Produkten von Tabellen. (buecher x verleih) x leser führt zum gleichen Ergebnis wie buecher x (verleih x leser), daher kann man auf Klammern verzichten und einfach buecher x verleih x leser, oder in SQL-Form, FROM buecher, verleih, leser schreiben. (Wir wollen hier nicht Gefahr laufen, den Unterhaltungswert dieser Lektüre durch einen mathematischen Beweis empfindlich zu mindern. Der Ungläubige mag ihn selbst führen oder sich der Sache anhand eines kleinen Beispiels versichern.)

Um die Lösung unseres Problems zu finden, müssen wir uns nur klarmachen, daß alles, was bislang über buecher und verleih gesagt wurde, weiterhin gilt und die gleichen Dinge auch für verleih und leser zu beachten sind. Daher können wir schreiben:

```
select      b.buch_nr, autor, titel
            l.leser_nr, name
from        buecher b, verleih v, leser l
where       b.buch_nr = v.buch_nr
and         v.leser_nr = l.leser_nr;
```

Im Projektionsteil werden die Spalten angegeben, die im Ergebnis erscheinen sollen. Dabei ist es in diesem Fall natürlich egal, ob man die Buchnummer aus der Bücher- oder der Verleihtabelle nimmt, da beide durch die erste Selektionsbedingung gleich sind. Entsprechendes gilt für die Lesernummer. In der FROM-Klausel müssen alle Tabellen genannt werden, auf die in anderen Klauseln Bezug genommen wird. Der erste Teil der WHERE-Klausel verhindert eine Vermischung der Buchnummern aus buecher und verleih, der zweite Teil entsprechend eine Vermischung der Lesernummern aus verleih und leser.

Es folgen nun noch einige Beispiele für Abfragen mit Joins.

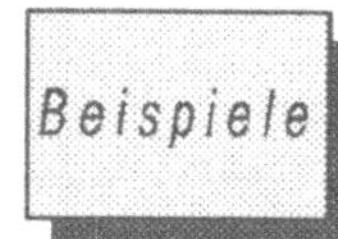

■ Wenn wir am Rückgabeschalter der Bibliothek sitzen und uns morgens auf die Menge Arbeit einstellen wollen, die uns erwartet, können wir die Frage stellen: "Welche Bücher werden heute zurückgebracht, vorausgesetzt, niemand vergißt seinen Termin?"

```
select      autor, titel
from        buecher b, verleih v
where       b.buch_nr = v.buch_nr
and         rueckgabedatum = today;
```

Durch die zusätzliche Bedingung rueckgabedatum = today werden aus der Liste aller verliehenen Bücher genau die ausgewählt, die heute zurückgebracht werden müssen.

■ Erstelle eine alphabetische Liste der Namen von gesperrten Lesern.

```
select     name
from       leser l, strafen s
where      l.leser_nr = s.leser_nr
and        sperre is not null
order by   name;
```

■ Welche Leser haben noch Bücher, die sie eigentlich schon hätten ab-
geben müssen und wieviele sind es pro Leser? Wir fragen hier also
nach einer Tabelle mit folgendem Aussehen:

leser_nr	name	Anzahl überzogener Bücher
...	...	...

```
select     l.leser_nr, name, count(*)
from       leser l, verleih v
where      l.leser_nr = v.leser_nr
and        rueckgabedatum < today
group by   l.leser_nr, name;
```

Wenn wir auf das Erscheinen des Lesernamens Wert legen, dann führt
das zu einer merkwürdig erscheinenden GROUP-BY-Klausel. Wir
müssen eine Gruppierung nach Lesernummern vornehmen, denn wir
wollen ja für jeden Leser mit überzogenen Büchern genau eine Ausgabezeile erhalten und wenn ein Leser mehrere solcher Bücher hat,
kommt er mehrmals in der Verleihtabelle vor. Das group by ... name
hat überhaupt keine Auswirkung, da bei gleicher Lesernummer stets
der gleiche Name auftritt, ist aber erforderlich, weil name im Projektionsteil ohne eine der fünf SQL-Funktionen angegeben wird. (s. Abschnitt über GROUP BY) Eine Alternative wäre, den Namen bei der
Gruppierung wegzulassen und dafür eine der Funktionen min oder
max auf dem Namen im Projektionsteil anzuwenden.

```
select      l.leser_nr,
            min( name ),
            count(*)
from        leser l, verleih v
where       l.leser_nr = v.leser_nr
and         rueckgabedatum < today
group by    l.leser_nr;
```

Das funktioniert, weil z.B. die kleinste von den Zahlen 7,7,7,7 die 7 ist und die Funktionen min und max nicht nur auf Zahlen sondern auch auf Zeichenketten angewendet werden können.

5.5 Ein Modell für SELECT

Wir haben inzwischen alle Klauseln des SELECT-Befehls kennengelernt. Es verbergen sich zwar noch einige Spezialitäten hinter WHERE und HA-VING, an der grundsätzlichen Abarbeitung des Befehls ändert das aber nichts. Fassen wir daher einmal zusammen, wie wir uns das Zustandekommen des Ergebnisses einer Abfrage veranschaulichen können. Dazu stellen wir uns vor, daß alle Klauseln in einer bestimmten Reihenfolge abgearbeitet werden und jeweils die nächste Klausel das Ergebnis der direkt zuvor bearbeiteten Klausel als Eingabe bekommt. Die folgende Tabelle stellt die Klauseln und die Reihenfolge der Bearbeitungsschritte mit einer kurzen Erläuterung zusammen.

Modell für SELECT		
Klausel	Schritt	Erläuterung
select	6	streiche alle Spalten, die nicht genannt wurden
from	1	bilde das kartesische Produkt der angegebenen Tabellen
where	2	streiche alle Zeilen, die die Bedingung nicht erfüllen
group by	3	führe Gruppierung durch
having	4	streiche alle Zeilen, die die Bedingung nicht erfüllen
order by	5	sortiere

Tabelle 5.2

Mit diesem Schema vor Augen (oder im Kopf) sollte es immer möglich
sein, das Ergebnis einer Abfrage zu erklären, bzw. eine Abfrage für ein ge-
gebenes Problem zu konstruieren. Aber machen wir uns nichts vor. Kein
SQL-Interpreter der Welt arbeitet genau nach diesem Prinzip. Schon der
Schritt 1 wäre in den meisten Fällen tödlich, wie eine kurze Rechnung
zeigt. Stellen wir uns dazu eine Universitätsbibliothek mit ca. 1 Million Bücher (das ist normal) vor. Die Universität hat 10000 Studenten (= Leser; das
ist eher wenig) und ein Prozent des Buchbestands sei ausgeliehen. Für eine
Zeile der Bücher- und Lesertabelle benötigen wir je 100 Byte und für eine
Zeile der Verleihtabelle 10. (Auch das ist alles knapp kalkuliert.) Das kartesische Produkt der Tabellen buecher, leser und verleih wäre dann von der
Größe

$$10^6 \cdot 10^4 \cdot 10^4 \cdot 10^2 \cdot 10^2 \cdot 10^1 \text{ Byte } = 10^{19} \text{ Byte } =$$
$$10 \text{ Millionen Terabyte}$$

Diese Zahl ist so weit jenseits von Gut und Böse, daß niemand glauben kann, ein SQL-Interpreter würde dieses Produkt bilden, um die Namen der Leser und die Titel der verliehenen Bücher herauszubekommen. Würde allerdings ein Verrückter die Abfrage

```
select      *
from        buecher, leser, verleih;
```

eingeben, so müßte er es versuchen und falls er nicht auf der Stelle die Flügel streckt, wäre er mit der Bearbeitung bis zum Sankt Nimmerleinstag beschäftigt.

Welche Strategien und Verfahren ein SQL-Interpreter für die Auswertung einer Anfrage nun benutzt, kann von unserem Standpunkt aus ruhig sein Geheimnis bleiben. (Diese Frage ist natürlich interessant, bloß nicht das Thema dieses Buches. Zu diesem Thema verweisen wir auf [17]) Für uns ist an dieser Stelle wichtig, eine Vorstellung von den grundsätzlichen Prinzipien zu bekommen, nach denen SQL entworfen wurde, und diese sind hier dargestellt. Wie ein spezieller Interpreter mit geringstem Aufwand zu einem Ergebnis kommt und welche Algorithmen er dabei einsetzt, ist ein ganz anderes Problem und außerdem nicht unabhängig vom Hersteller.

5.6 Joins II: Outer Joins

Die bislang durchgeführten Joins enthielten nur die Zeilen aus den beteiligten Tabellen, für die ein passender Wert für die Join Bedingung vorhanden war. Machen wir uns das nochmal an einem kurzen Beispiel deutlich.

u	
s1	s2
1	a
2	b
5	c
6	d

v	
s1	s2
2	x
3	y
6	z

Ein Join der Tabellen mit der Spalte s1 als Join Zeile

```
select      *
from        u, v
where       u.s1 = v.s1;
```

liefert uns das Ergebnis

u.s1	u.s2	v.s1	v.s2
2	b	2	x
6	d	6	z

Zeilen mit einem der Werte 1,3 oder 5 in der Spalte s1 kommen im Ergebnis nicht vor, da in der jeweils anderen Tabelle kein Partner für sie vorhanden ist. Joins dieser Art (und nur solche haben wir bislang benutzt) nennt man "**Inner Joins**". Nun ist es aber manchmal zweckmäßig, alle Zeilen einer Tabelle im Ergebnis zu haben, auch wenn kein passender Partner in der anderen Tabelle gefunden wird. Solche Joins nennt man "**Outer Joins**" und ein vollständiger äußerer Join der Tabellen u und v hätte folgendes Aussehen:

u.s1	u.s2	v.s1	v.s2
2	b	2	x
6	d	6	z
1	a		
5	c		
		3	y

Das heißt, ein **vollständiger äußerer Join** besteht aus den Zeilen des inneren Joins und den übriggebliebenen Zeilen der einzelnen Tabellen. An die Stelle der Partner aus der anderen Tabelle treten NULL-Werte. Außer dem vollständigen äußeren Join ist der sogenannte **einseitige äußere Join** eine sinnvolle Verknüpfung, die entsprechend nur die übriggebliebenen Zeilen aus einer Tabelle enthält. Ein einseitiger äußerer Join, bei dem die Tabelle u am äußeren und die Tabelle v nur am inneren Join beteiligt ist, liefert demnach das Ergebnis

u.s1	u.s2	v.s1	v.s2
2	b	2	x
6	d	6	z
1	a		
5	c		

Der Outer Join gehört nicht zum Umfang des alten SQL-Standards, erst der SQL2- Standard schließt ihn mit ein. Dennoch ist er eine aus der Relationentheorie bekannte und wünschenswerte Verknüpfung und folglich haben ihn einige DB-Hersteller längst in ihre SQL-Implementierungen integriert. (IBM, Informix, Oracle) Die Schreibweisen sind jedoch unterschiedlich, und in der Regel ist nur der einseitige Outer Join realisiert. Für unsere Beispiele wollen wir eine vom Datenbanksystem Informix entlehnte Schreibweise verwenden und die Tabelle, die für den äußeren Join die NULL-

Werte liefert, in der **FROM-Klausel** mit dem Operator **OUTER** versehen.
Versuchen wir nun mit den Mitteln des Outer Join eine Tabelle aller Bücher
zu erstellen, in der für den Fall eines verliehenen Buches in der letzten
Spalte die entsprechende Lesernummer erscheint. Unsere Ausgangstabellen
seien

buecher		
buch_nr	autor	titel
1	Goethe	Faust
2	Schiller	Die Räuber
3	Goethe	Wahlverwandtschaften
4		Das Guinnessbuch der Rekorde
5	Lessing	Nathan der Weise
6	Goethe	Faust
7		Enzyklopädie der Klassik

verleih	
leser_nr	buch_nr
A	3
C	1
A	7

Stellen wir nun die Anfrage

```
select      b.buch_nr, autor, titel, leser_nr
from        buecher b, outer verleih v
where       b.buch_nr = v.buch_nr;
```

dann erhalten wir das Ergebnis

buch_nr	autor	titel	leser_nr
1	Goethe	Faust	C
2	Schiller	Die Räuber	
3	Goethe	Wahlverwandtschaften	A
4		Das Guinnessbuch der Rekorde	
5	Lessing	Nathan der Weise	
6	Goethe	Faust	A
7		Enzyklopädie der Klassik	

Im nächsten Beispiel wollen wir ermitteln, wieviel Prozent unserer Bücher ausgeliehen sind. Die Rechnung ist im Prinzip sehr einfach.

$$\text{Anteil Verliehene (\%)} = \frac{\text{Anzahl Bücher in verleih} * 100}{\text{Anzahl Bücher in buecher}}$$

Allerdings kann das Verfahren nicht direkt in einen SELECT-Befehl umgesetzt werden. Eine Konstruktion wie

```
select count(*) * 100 from verleih / select count(*) from buecher;
```

ist natürlich absoluter Unsinn. Mit einem gewöhnlichen (inneren) Join bekommen wir auch Probleme, denn

```
select      count(*)
from        buecher b, verleih v
where       b.buch_nr = v.buch.nr;
```

liefert ja nichts als die Anzahl verliehener Bücher, da durch die Join-Bedingung bereits alle nicht verliehenen Bücher ausgeschlossen werden. Wir wissen aber, daß jedes Buch in der Verleihtabelle höchstens einmal vorkommen kann, folglich könnten wir über das volle kartesische Produkt versuchen, alle verschiedenen Vorkommen von Büchern zu zählen

```
select   count(distinct v.buch_nr) * 100 / count(distinct b.buch_nr)
from     buecher b, verleih v;
```

Eine gesündere Möglichkeit scheint aber der Outer Join zu bieten, denn ein Blick auf das letzte Beispiel dieser Art zeigt uns, daß wir im Grunde nur die gesamte Anzahl der Zeilen und die Einträge in der Spalte leser_nr zählen müssen, um zu dem gewünschten Ergebnis zu kommen.

```
select      count(leser_nr) * 100 / count(*)
from        buecher b, outer verleih v
where       b.buch_nr = v.buch_nr;
```

Diese Formulierung ist recht praktisch. Sollte Ihr Datenbanksystem den Outer Join nicht beherrschen, so gibt es noch eine andere Möglichkeit, die Anzahl Zeilen zweier Tabellen ins Verhältnis zu setzten (s. Übung 12).

5.7 Subqueries I: Single-Row-Subqueries

Kommen wir nun zum Problem zurück, das am häufigsten ausgeliehene Buch zu ermitteln. Beschränken wir uns zunächst auf das meistgelesene Exemplar und vernachlässigen den Umstand, daß es von einem Titel viele Exemplare geben kann, die zusammen eine größere Ausleihzahl erreichen, als das meistgelesene Einzelexemplar. Stellen wir uns also zuerst die Frage, welches ist die Zeile in der Büchertabelle mit dem größten Wert für die Ausleihzahl. Wir haben eingesehen, daß der Befehl

```
select      autor, titel,
            max(ausleihzahl)
from        buecher;
```

nicht funktionieren kann. Nicht so leicht zu akzeptieren ist, daß

```
select      autor, titel, ausleihzahl
from        buecher
where       ausleihzahl =
            max(ausleihzahl);
```

ebensowenig funktioniert. Die SQL-Funktionen arbeiten nicht so wie Funktionen in gewöhnlichen Sprachen, die überall dort eingesetzt werden können, wo ein beliebiger Ausdruck stehen kann, und die an dieser Stelle den entsprechenden Wert liefern. Etwas klarer wird die Geschichte, wenn wir uns überlegen, daß die Funktion max(ausleihzahl) aus der SQL-Perspektive tatsächlich in der Luft hängt. Eine Funktion in einer gewöhnlichen Sprache bekommt mit ihren Parametern alle Daten, die sie zur Ausführung benötigt. Wie können wir aber hier z.B. der Funktion mitteilen, daß wir uns lieber auf die Ausleihzahlen der Tabelle leser beziehen wollen, was zwar nicht sonderlich sinnvoll erscheint, aber doch prinzipiell möglich sein sollte. Die SQL-Funktionen arbeiten daher nur in Zusammenhang mit einer Abfrage, also mit SELECT und FROM. Konsequenterweise ist es deshalb möglich, innerhalb eines SELECT-Befehls eine weitere Abfrage unterzubringen. Eine solche Konstruktion nennt man **Subquery**.

```
select      autor, titel, ausleihzahl
from        buecher
where       ausleihzahl =
            ( select      max(ausleihzahl)
              from        buecher
            )
;
```

Subqueries sind nicht nur im Zusammenhang mit Funktionen, sondern universell einsetzbar. Jede Abfrage kann selbst eine Unterabfrage sein und Unterabfragen können weitere Subqueries enthalten. Dennoch sind einige Dinge zu beachten. **Unterabfragen dürfen nur als Bestandteil einer WHERE- oder HAVING-Klausel vorkommen.** In unserem Beispiel muß außerdem dafür gesorgt sein, daß aus der Subquery genau eine Zahl herauskommt, sonst funktioniert der Vergleich mit ausleihzahl nicht. Es darf kein String herauskommen und es dürfen auch nicht 2, 3, ... Zahlen oder gar keine sein. In unserem Fall ist das durch den Funktionsaufruf max(ausleihzahl) garantiert. Allgemein ist bei der Formulierung von Subqueries auf die Anzahl zurückgegebener Zeilen und deren Datentyp zu achten. Man unterscheidet insbesondere **Single-Row-Subqueries**, wie in unserem Beispiel, und **Multiple-Row-Subqueries**, die eine beliebige Anzahl Zeilen zurückgeben können, auch keine.

Um vom meistgelesenen Exemplar zum meistgelesenen Buch zu gelangen, fehlt offenbar eine Zusammenfassung über gleiche Bücher bei gleichzeitiger Summierung der Ausleihzahlen. Sieger ist das Buch mit der größten Summe. Die Abfrage erfordert also ein group by autor, titel. Die gruppierte Tabelle erhalten wir durch

```
select      autor, titel,
            sum(ausleihzahl)
group by    autor, titel
```

Wir müssen nur die Bedingung einbauen, daß die Ausleihsumme die größte von allen sein soll. Eine WHERE-Klausel nützt nichts, weil sie die Zeilen vor der Gruppierung eliminiert, also bleibt nur HAVING. Um die Bedingung zu formulieren, müßten wir aus den Ausleihsummen die größte herausfischen, aber wie?

```
...
having      sum(ausleihzahl) =
            (  select      max(sum(ausleihzahl))
               ....        ?????
```

Zunächst einmal ist die Formulierung having sum(ausleihzahl) = ... in Ordnung. Die Funktion sum(ausleihzahl) verhält sich hier nicht wie eine

Funktion, sondern wie eine gewöhnliche Spalte. Am Projektionsteil erkennen wir, daß sie sich als gewöhnliche Spalte in der GROUP-BY-Tabelle befindet und wir gewohnt sind, mit HAVING Bedingungen an die Zeilen der Gruppentabelle zu knüpfen, also auch an sum(ausleihzahl). Anders ist es mit der Funktionenverschachtelung in der Subquery. Sie ist grundsätzlich nicht erlaubt (im Standard). (Es gibt SQL-Interpreter, die eine Verschachtelung von Funktionen beherrschen (z.B. Oracle), darauf wollen wir aber hier nicht eingehen.) Ist das Problem nun unlösbar? SQL ist ja keine vollständige Sprache. Es mag also unlösbare Probleme geben. So schlimm ist es jedoch nicht. Wir haben es hier nur mit einem der vielen Fälle zu tun, wo das Problem so einfach erscheint (Welches ist das meistgelesene Buch?) und SQL sich gegen eine Lösung zu sträuben scheint. Wir werden das Problem im nächsten Abschnitt mit einem einzigen SELECT-Befehl lösen. Hier wollen wir jetzt aber einen anderen Weg gehen.

Macht eine Abfrage Schwierigkeiten, so ist es meistens der Mühe wert, sich Gedanken über eine Zerlegung in Teilschritte zu machen. Eigentlich alle SQL-Interpreter bieten (über den Standard hinaus) die Möglichkeit, das 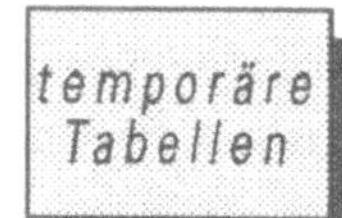

Ergebnis einer Abfrage in einer Tabelle zu speichern. Die Syntax dazu ist unterschiedlich. Wir haben uns repräsentativ für die Oracle- Variante CREATE TABLE tabelle AS SELECT ... entschieden. Gehen wir nun das Problem damit nochmal an.

```
create table temp as
select      autor, titel,
            sum(ausleihzahl) ausleihsumme
from        buecher
group by    autor, titel;


select      autor, titel, ausleihsumme
from        temp
where       ausleihsumme =
            (  select      max(ausleihsumme)
               from        temp
            )
;
```

```
drop table temp;
```

Mit dem ersten Befehl wird die GROUP-BY-Tabelle als Tabelle temp zwischengespeichert. Sie besitzt als Spalten den Projektionsteil des SE-LECT-Befehls, also autor, titel und ausleihsumme. In diesem Fall **müssen** wir für die Spalte sum(ausleihzahl) einen Aliasnamen angeben, da sonst versucht würde, eine Spalte mit dem Namen sum(ausleihzahl) anzulegen, und das ist nicht erlaubt. Der zweite Befehl ist nun genau der, mit dem wir schon das meistgelesene Exemplar ermittelt haben, wir setzten ihn aber auf die gerade erzeugte Gruppentabelle an, in der bereits die Ausleihsummen pro Titel erfaßt sind. Damit haben wir das Ergebnis. Der Ordnung halber werfen wir temporäre Tabellen nach Gebrauch sofort weg. Das geschieht mit dem letzten Befehl.

Wie man sieht, lohnt sich der Einsatz von temporären Tabellen und man kann sich damit häufig einige Knoten in den kostbaren Hirnwindungen ersparen. Sie sind in der Tat das einzige Mittel, aus den hohen Sphären der Logik heraus ein wenig Berührung mit den bekannten Niederungen der prozeduralen Welt zu bekommen. Eine Abfrage erzeugt ein Zwischenergebnis, eine neue erzeugt ein weiteres, ..., und eine letzte ermittelt das Endresultat, alles Schritt für Schritt. Das kommt einem doch irgendwie bekannt vor. Allerdings ist die Vermutung, ab jetzt sei alles ganz einfach, nicht zutreffend. Man kann Abfragen nicht einfacher und einfacher machen, indem man sie in immer mehr und mehr Schritte zerlegt. Manche Dinge kann man nicht aufteilen. Wie würden Sie z.B. das gerade vorgestellte Beispiel weiter vereinfachen, um den Einsatz von Subqueries überflüssig zu machen?

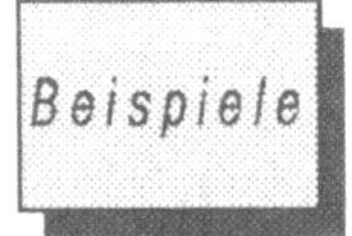

Machen wir lieber noch einige Beispiele mit Subqueries.

■   Erzeuge eine Liste der überdurchschnittlich häufig verliehenen Bücher.

Beschränken wir uns auch hier zunächst wieder auf Exemplare. Ein Exemplar wurde überdurchschnittlich oft gelesen, wenn seine Ausleihzahl größer ist, als der Durchschnitt aller Ausleihzahlen.

```
select      *
from        buecher
where       ausleihzahl >
            (  select       avg(ausleihzahl)
               from         buecher
            )
;
```

Um von den einzelnen Exemplaren zu den überdurchschnittlich häufig gelesenen Titeln zu gelangen, können wir exakt wie oben verfahren, erzeugen aber zunächst eine Zwischentabelle, die alle gleichen Titel zusammenfaßt.

```
create table temp as
select      autor, titel,
            sum(ausleihzahl) ausleihsumme
from        buecher
group by    autor, titel;


select      *
from        temp
where       ausleihsumme >
            (  select       avg(ausleihsumme)
               from         temp
            )
;


drop table temp;
```

■ Ermittle alle Daten aus der Lesertabelle für den Leser mit den höchsten Gebühren.

Lösung 1: Join von **leser** und **strafen** mit Subquery

```
select      l.leser_nr, name, wohnort,
            ausleihzahl, eintrittsdatum
from        leser l, strafen s
where       l.leser_nr = s.leser_nr
and         gebuehr =
            (  select      max(gebuehr)
               from        strafen
            )
;
```

Lösung 2: Zweifache Subquery

```
select      *
from        leser
where       leser_nr =
            (  select      leser_nr
               from        strafen
               where       gebuehr =
                           (  select      max(gebuehr)
                              from        strafen
                           )
            )
;
```

5.8 Subqueries II: Multiple-Row-Subqueries

IN, ANY, ALL, EXISTS

Bis hierher mußten wir peinlichst darauf achten, daß eine Subquery genau eine Zeile zurückliefert. Eine sichere Möglichkeit dazu ist, im Projektionsteil der Subquery eine der fünf SQL-Funktionen zu benutzen. Ein solches Vorgehen ist aber nicht für jede Fragestellung geeignet, und die Operatoren IN, ANY, ALL und EXISTS können im Zusammenhang mit Subqueries eingesetzt werden, die eine beliebige Anzahl von Zeilen an den übergeordneten SELECT-Befehl liefern. Der Operator IN ist schon aus einem früheren Abschnitt bekannt und wir wollen ihn hier nochmal im Zusammenhang mit einer Subquery einsetzen, um eine Tabelle der ausgeliehenen Bücher zu erhalten. Dieses Problem haben wir bereits in dem Abschnitt über Joins gelöst, im folgenden dazu eine alternative Lösung.

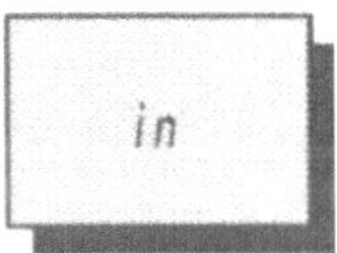


```
select      *
from        buecher
where       buch_nr in
            (   select      buch_nr
                from        verleih
            )

;
```

Die Unterabfrage ermittelt alle Buchnummern, die in der Verleihtabelle eingetragen sind. Die Hauptabfrage gibt alle Bücherdaten zu den Büchern aus, deren Nummern IN der Menge der durch die Unterabfrage zurückgegebenen Nummern enthalten sind.

Betrachten wir nun die Operatoren ANY und ALL. Sie sind etwas gewöhnungsbedürfiger als IN, da ihre Einsatzmöglichkeiten nicht so offensichtlich sind. Im Grunde sind sie sogar (fast) überflüssig, da es in nahezu allen Fällen alternative Formulierungen gibt, die ohne sie auskommen. ANY und ALL können nicht allein benutzt werden, sondern müssen immer mit einem der Operatoren =, !=, <, <=, >, >= kombiniert werden. Wir erläutern ihre Funktion im folgenden anhand von Beispielen.

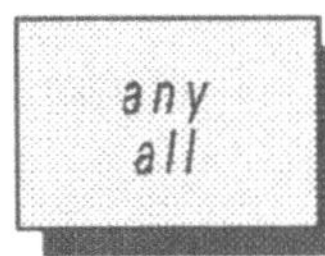

■   Erstelle (zum x-ten Mal) eine Liste der verliehenen Bücher. (=ANY)

```
select      *
from        buecher
where       buch_nr = any
            (   select      buch_nr
                from        verleih
            )

;
```

Der Operator = ANY bedeutet soviel wie "gleich irgendeinem der
Werte in der folgenden Menge". Die Menge wird im Beispiel von der
Subquery geliefert, nämlich alle Buchnummern von verliehenen Büchern. Ohne Einschränkung kann festgehalten werden: = ANY ist
identisch mit IN.

■   Welches ist das (zur Abwechslung) am wenigsten ausgeliehene, aber
    ausleihbare Exemplar? (<= ANY)

```
select      *
from        buecher
where       ausleihzahl <= any
            ( select      ausleihzahl
              from        buecher
              where       leihfrist > 0
            )

;
```

Der Operator <= ANY (oder < ANY) bedeutet kleiner gleich (oder
kleiner) als irgendeiner der in der folgenden Menge vorkommenden
Werte. Auch hierfür gibt es eine gleichwertige Formulierung:

```
select      *
from        buecher
where       ausleihzahl =
            ( select      min(ausleihzahl)
              from        buecher
              where       leihfrist > 0
            )

;
```

■   Entsprechend gibt es eine Variante mit ALL zur Bestimmung des
    meistgelesenen Exemplars. (>= ALL)

```
select      *
from        buecher
where       ausleihzahl >= all
```

```
( select          ausleihzahl
  from            buecher
)
;
```

Eine alternative Formulierung dafür ist schon aus einem früheren Abschnitt bekannt.

Der **EXISTS**-Operator findet bei Abfragen im Grunde wenige Einsatzgebiete. Wichtiger ist er im Zusammenhang mit Manipulationen der Datenbank, also in Verbindung mit den Befehlen **DELETE**, **INSERT** und **UPDATE**. 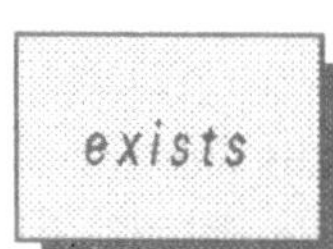 Wir wollen ihn jedoch hier schon kurz vorstellen und zeigen, daß auch **EXISTS** stets durch logisch äquivalente Befehle umgangen werden kann. **EXISTS** kann nur im Zusammenhang mit einer nachfolgenden Subquery eingesetzt werden und die **EXISTS** Bedingung ist genau dann wahr, wenn die folgende Subquery mindestens eine Zeile als Ergebnis liefert. Man kann also mit **EXISTS** prüfen, ob gewisse Daten in der Datenbank vorhanden sind. Ein einfaches Beispiel wäre: Wenn in der Bibliothek Bücher von Lessing vorhanden sind, dann wollen wir nicht nur die Werke von Lessing, sondern zur Übersicht gleich die aller Klassiker, also auch Goethe, Schiller, etc. sehen.

```
select          *
from            buecher
where           gruppe = 'K'
and             exists
                ( select          *
                  from            buecher
                  where           autor = 'Lessing'
                )
;
```

Liefert die Subquery kein Ergebnis (haben wir also keinen Lessing), dann ist die **EXISTS**-Bedingung nicht erfüllt. Da sie aber mit **AND** an die **WHERE**-Bedingung geknüpft ist, ist die gesamte **WHERE**-Bedingung nicht erfüllt und es wird überhaupt nichts ausgegeben. Haben wir dagegen einen Lessing, werden alle Klassiker ausgegeben. An der etwas gequälten

Sinnhaftigkeit dieses Problems kann man schon erkennen, daß der EXISTS Operator in gewöhnlichen Abfragen nicht allzu häufig anzutreffen sein wird. Wir werden ihn später jedoch noch mehrmals einsetzen und wollen hier zunächst zum Verständnis eine allgemeinere Formulierung entwickeln.

Alle nach EXISTS eingesetzten Subqueries kann man ohne Einschränkung mit (select * from...) beginnen lassen, da es nur um die Existenz von gewissen Daten geht und die Angabe von bestimmten Spalten im Projektionsteil dabei völlig nutzlos ist. Die EXISTS Bedingung ist dann wahr, wenn die Anzahl der von der Subquery zurückgegebenen Zeilen größer als 0 ist, und das kann man hinschreiben.

```
select      ...
from        ...
where       0 <
            (  select      count(*)
               from        ...
            )
;
```

Diese Bedingung ist also einem EXISTS gleichwertig, nur die Schreibweise ist gewöhnungsbedürftig, da die Seiten der Ungleichung entgegen der Gewohnheit vertauscht sind. Natürlich ist aber

```
...where 0 < ( select count(*)... )
```

dasselbe wie

```
...where ( select count(*)... ) > 0
```

nur ist die letzte Formulierung syntaktisch nicht zulässig. Der Verzicht auf den EXISTS-Operator führt sogar zu einer allgemeineren Formulierung, da wir die Bedingung der Existenz von mindestens einem Satz auf mindestens 2 Sätze (where 1 < ...), genau 3 (where 3 = ...) oder weniger als 5 (where 5 > ...) abwandeln können, ohne die Syntax auch nur anzutasten.

Nun sollte man aber den EXISTS-Operator nicht vorschnell über Bord werfen, denn erstens drückt er häufig einen Sachverhalt sehr treffend aus, was der Lesbarkeit eines Befehls zugute kommt, und zweitens kann eine mit EXISTS eingeleitete Subquery effizienter bearbeitet werden. Eine Gegenüberstellung zeigt, daß die Unterabfrage

```
   ...
where exists ( select ...  from t ... )
```

dann abgebrochen werden kann, sobald ein einziger Datensatz aus t selektiert wurde. Eventuell muß dazu nur ein Bruchteil der gesamten Tabelle gelesen werden. Im anderen Fall muß die Unterabfrage

```
   ...
where 0 < ( select count(*) from t ... )
```

auf jeden Fall die gesamte Tabelle t lesen, um die count-Funktion korrekt ausführen zu können.

Fassen wir den Einsatz der besprochenen Operatoren und den jeweils äquivalenten Befehlen nochmal systematisch zusammen.

Alternativen für ANY, All, EXISTS	
ANY / ALL / EXISTS	Alternative

where   x = any
(select   s
     from   ...
)
	where x in
	(select s
	     from ...
	)

where   x <[=] any
(select   s
     from   ...
)
	where x <[=]
	(select min(s)
	     from ...
	)

where   x >[=] any
(select   s
     from   ...
)
	where x >[=]
	(select min(s)
	     from ...
	)

where x != any (select s from ...)	(fast immer erfüllt) (s. Übung 13)
where x = all (select s from ...)	(fast nie erfüllt) (s. Übung 13)

where   x <[=] all
(select   s
     from   ...
)
	where x <[=]
	(select max(s)
	     from ...
	)

where   x >[=] all
(select   s
     from   ...
)
	where x >[=]
	(select max(s)
	     from ...
	)

where   x != all
(select   s
     from   ...
)
	where x not in
	(select s
	     from ...
	)

where exists (select * from ...)	where 0 < (select count(*) from ...)
where not exists (select * from ...)	where 0 = (select count(*) from ...)

Tabelle 5.3

Bislang haben wir jede Abfrage mit **ANY** und **ALL** durch eine andere ersetzen können. Und auch wenn in der Tabelle alle Bedingungen als WHERE-Klausel formuliert sind, so geschieht absolut nichts Neues, wenn wir **WHERE** durch **HAVING** ersetzen. Gibt es nun überhaupt eine Anwendung, wo sie unersetzbar und somit unverzichtbar sind? Wir haben noch ein offenes Problem, und zwar die Ermittlung des meistgelesenen Buches (nicht Exemplar!) mit einem **SELECT-Befehl**. Unter Einsatz von **ALL** können wir folgendes schreiben:

```
select      autor, titel
            sum(ausleihzahl)
from        buecher
group by    autor, titel
having      sum(ausleihzahl) >= all
            ( select      sum(ausleihzahl)
              from        buecher
              group by    autor, titel
            )
;
```

Sehen wir nochmal auf die Tabelle 5.3, so finden wir für die soeben gebrauchte Form eine Ersetzung.

```
where   x >[=] all              where   x >[=]
        ( select    s                   ( select    max(s)
          from      ...                   from      ...
        )                               )
```

Der Gebrauch von >= all bewahrt uns vor der Notwendigkeit, eine Funktionenschachtelung in der Subquery einzusetzen, denn dort müßte dann ja die größte der Ausleihsummen, also max(sum(ausleihzahl)) herausgesucht werden. Gerade diesen Ansatz haben wir schon beim letzten Lösungsversuch aufgeben müssen und haben dort als Alternative den Weg über eine temporäre Tabelle gewählt.

Damit ist klar: die Operatoren ANY und ALL sind überflüssig. Wir können immer auf ihren Einsatz verzichten, auch wenn wir eine Abfrage eventuell dazu in zwei Schritte zerlegen müssen. Würde SQL eine sinnvolle Schachtelung von Funktionen zulassen, so gäbe es für jede ANY und ALL Anwendung eine direkte Übersetzung, die man einer Tabelle entnehmen könnte. Warum erlaubt SQL die Schachtelung von Funktionen nicht? Der Befehl

```
select      sum(ausleihzahl)
from        buecher;
```

gibt nur eine Zahl aus, nämlich die Gesamtsumme aller jemals durchgeführten Ausleihen. Obwohl im Befehl keine WHERE-Klausel enthalten ist, liefert die Abfrage nicht für jede Zeile der Tabelle eine Ausgabezeile, wie es der Fall wäre, wenn wir select ausleihzahl from buecher; schreiben würden. Es ist die Funktion sum, die eine Zusammenfassung und Unterdrückung der mehrfachen Ausgabe von Zeilen bewirkt. Sehen wir uns nun den Befehl

```
select      sum(ausleihzahl)
from        buecher
group by    autor, titel;
```

an, so wissen wir, daß die Funktion sum auf jede Autor-Titel-Gruppe angewendet wird. Wir erhalten als Ausgabe also mehrere Zahlen. Wir können die GROUP-BY-Tabelle jedoch als neue, eigenständige Zwischentabelle interpretieren, und es spricht eigentlich nichts gegen eine Anwendung einer Funktion auf eine Spalte der GROUP BY Tabelle. Daher sollte die Abfrage

```
select      sum(sum(ausleihzahl))
from        buecher
group by    autor, titel;
```

dasselbe Ergebnis bringen, wie select sum(ausleihzahl) from buecher;, nur auf eine umständlichere Art und Weise. Wir vermögen keinen Grund im Verbot einer sinnvollen Funktionenschachtelung zu erkennen, und wahrscheinlich wäre es konsequenter, sie zu erlauben und dafür auf die dann vollständig redundanten Operatoren ANY und ALL zu verzichten. (Es gibt übrigens SQL-Interpreter, die Funktionenschachtelung beherrschen, z.B. Oracle.)

5.9 Subqueries III: Correlated Subqueries

In den beiden letzten Abschnitten waren alle Subqueries, ob sie nun keine, eine oder viele Ergebniszeilen lieferten, syntaktisch wie eine unabhängige Abfrage formuliert. Jede Unterabfrage hätten wir aus dem Gesamtbefehl herausschneiden können und stets hätten wir wieder eine korrekte und ausführbare Anweisung erhalten. Dies ist bei den Correlated Subqueries nicht mehr der Fall. Dort gibt es zwischen Haupt- und Unterabfrage immer eine gemeinsame Spalte (auch Korrelationsvariable genannt), auf die sich beide Teile beziehen. Eine herausgeschnittene Correlated Subquery ist folglich auch keine syntaktisch korrekte Anfrage mehr.

Eine Bemerkung noch vorab. Correlated Subqueries gehören zu den unanschaulichsten Elementen von SQL. Außerdem werden wir gleich und speziell noch im nächsten Abschnitt sehen, daß man für Abfragen in sehr vielen Fällen auf Correlated Subqueries verzichten kann, weil man auch mit anderen Mitteln zum Ergebnis kommt. Dennoch raten wir dringend, sich intensiv mit ihnen zu befassen, denn auch wenn man bei Abfragen noch weitgehend auf sie verzichten kann, so sind sie doch schon bei einfachsten Problemstellungen bei DELETE und UPDATE völlig unverzichtbar.

Was eine Correlated Subquery ist, zeigen wir an einem Beispiel. Versuchen wir dazu einmal die uns inzwischen wohlbekannte Liste der verliehenen Bücher zu erstellen.

```
select      *
from        buecher
where       buch_nr =
            (  select      buch_nr
               from        verleih
               where       buch_nr = buecher.buch_nr
            )

;
```

Als erstes fällt deutlich auf, daß die Subquery tatsächlich nicht mehr selbstständig ist, da sie mit buecher.buch_nr auf die Spalte einer Tabelle Bezug nimmt, die in der FROM-Klausel der Subquery überhaupt nicht genannt wurde. Sie nimmt vielmehr auf eine Spalte der Tabelle Bezug, die in der Hauptabfrage auftaucht. Die buch_nr der Tabelle buecher ist daher die **Korrelationsvariable** dieser Abfrage. Um die Abfrage im Detail zu analysieren, konstruieren wir eine (sehr!) kleine Datenbank mit zwei Büchern, von denen eines verliehen ist.

buecher	
buch_nr	autor
1	Goethe
2	Schiller

verleih	
leser_nr	buch_nr
A	1

Die Hauptabfrage arbeitet wie gewohnt alle Zeilen der Büchertabelle ab und prüft, ob die gerade aktuelle Zeile die Bedingung der WHERE-Klausel erfüllt. Dazu ist offensichtlich erforderlich, daß die Subquery für jede Zeile der Büchertabelle neu ausgewertet wird, da die Buchnummer ja stets eine andere ist. Dies ist ein weiterer wichtiger Unterschied zu gewöhnlichen Subqueries. Wenn wir uns die Unterabfragen aus allen vorangegangenen Beispielen ansehen, so stellen wir nämlich fest, daß eine einmalige Auswertung vor der Ausführung der Hauptabfrage ausreicht.

In der ersten Zeile der Hauptabfrage treffen wir auf die Buchnummer 1. Die Correlated Subquery ermittelt nun die Buchnummer aus der Verleihtabelle, die mit der aus der Büchertabelle übereinstimmt und findet folglich die 1 mit dem Leser A. In der zweiten Zeile der Hauptabfrage erscheint die Buchnummer 2. Die Unterabfrage versucht nun, aus der Verleihtabelle einen Eintrag mit der Buchnummer 2 zu finden. Dieses Unternehmen scheitert aber, da das Buch mit der Nummer 2 nicht in der Verleihtabelle geführt wird. Nun soll die zweite Zeile der Büchertabelle auch nicht ausgegeben werden, da das Buch nicht verliehen ist. Genau an dieser Stelle aber scheitert die gesamte Abfrage, denn wir haben offenbar eine Kleinigkeit nicht bedacht. Ein Blick auf die WHERE-Klausel der Hauptabfrage zeigt uns, daß die Correlated Subquery eine Single-Row-Subquery ist und wir daher in jedem Fall genau eine Ergebniszeile benötigen. Eine kleine Änderung behebt diesen Fehler:

```
select      *
from        buecher
where       buch_nr in
            (  select      buch_nr
               from        verleih
               where       buch_nr = buecher.buch_nr
            )
;
```

Ersetzen wir nun die Werte für buch_nr und das Ergebnis der Subquery für
den Gang der Abfrage, so erhalten wir für die erste Zeile

```
select      *
from        buecher
where       '1' in ('1');
```

Diese Bedingung ist sicher wahr und die Zeile wird ausgegeben. Für die
zweite Zeile erhalten wir

```
select      *
from        buecher
where       '2' in (NULL);
```

Da die Subquery gar nichts zurückliefert, kann auch die 2 nicht dabei sein.
Die Bedingung ist also nicht erfüllt und die Zeile wird nicht ausgegeben.
Wir haben hier die (hoffnungslos umständliche) Möglichkeit, die Daten aller verliehenen Bücher zu ermitteln und an einem bekannten Beispiel den
Mechanismus von Correlated Subqueries vorzuführen. Darüber hinaus ist es
schwer, Anwendungen für Correlated Subqueries in Abfragen zu finden, die
nicht mit anderen Mitteln zu lösen sind.

Versuchen wir es mit Folgendem: Ermittle für jede Stadt den Leser mit den
höchsten Gebühren.

```
select      name, wohnort, gebuehr
from        leser l, strafen s
where       l.leser_nr = s.leser_nr
and         gebuehr =
            ( select      max(gebuehr)
              from        leser ll, strafen ss
              where       ll.leser_nr = ss.leser_nr
              and         ll.wohnort = l.wohnort
            )

;
```

Diese Abfrage ist erheblich komplizierter als das letzte Beispiel und man muß schon gut hinsehen, um die Korrelation überhaupt zu entdecken. Wir haben hier für alle Tabellen Aliasnamen eingeführt, d.h. wir müssen uns an den Aliasnamen orientieren. In der Subquery ist der Alias l für Leser nicht definiert, denn für die Lesertabelle haben wir hier den Namen ll eingeführt und das ist etwas anderes. Der Alias l kommt aus der Hauptabfrage und der Ausdruck l.wohnort der Subquery korreliert offensichtlich mit der Spalte wohnort aus der Hauptabfrage.

Wir wollen versuchen, uns den Ablauf dieses Befehls deutlich zu machen. Dazu stellen wir uns wieder ganz kurze Beispieltabellen vor.

leser		
leser_nr	name	wohnort
A	Heinz	Dortmund
B	Hugo	Bochum
C	Otto	Dortmund
D	Karl	Witten

strafen	
leser_nr	gebuehr
A	5.00
C	10.00
D	7.00

Die Joins von **leser** und **strafen** sind in beiden Teilen notwendig, da wir zwei Dinge aneinander gekoppelt haben, nämlich Wohnort und Gebühren, die in verschiedenen Tabellen stehen.

Wir können zunächst die Hauptabfrage teilweise auswerten, indem wir uns ansehen, was nach

```
select      name, wohnort, gebuehr
from        leser l, strafen s
where       l.leser_nr = s.leser_nr
```

noch übrigbleibt, denn aus diesem Zwischenergebnis können durch weitere mit **AND** angefügte Bedingungen nur noch zusätzlich Zeilen entfernt werden. Das Ergebnis zeigt die nächste Tabelle

leser_nr	name	wohnort	gebuehr
A	Heinz	Dortmund	5.00
C	Otto	Dortmund	10.00
D	Karl	Witten	7.00

Auf dieser Tabelle arbeitet nun die Correlated Subquery. Sie sucht die maximalen Gebühren aus dem Join von **leser** und **strafen** für die Stadt heraus, die in der Spalte Wohnort der Tabelle steht, die gerade von der Hauptabfrage bearbeitet wird. Das ist aber die oben angegebene Tabelle. Ersetzen wir einmal die Werte für die Bearbeitung der ersten Zeile.

```
select      name, wohnort, gebuehr
from        leser l, strafen s
where       l.leser_nr = s.leser_nr
and         gebuehr =
            ( select      max(gebuehr)
              from        leser ll, strafen ss
              where       ll.leser_nr = ss.leser_nr
              and         ll.wohnort = 'Dortmund'
            )

;
```

Die Subquery liefert den höchsten Gebührenwert von allen Lesern, die ausschließlich Dortmunder sind. In unserem Beispiel liefert sie also den Wert 10.00. Eingesetzt ergibt das

```
select      name, wohnort, gebuehr
from        leser l, strafen s
where       l.leser_nr = s.leser_nr
and         gebuehr = 10.00;
```

Für die erste Zeile trifft das nicht zu, da hier die zu zahlenden Gebühren nur 5.00 betragen. Wir sehen aber schon hier, daß diese Bedingung für die nächste Zeile zutrifft und diese folglich auch ausgegeben wird. Auch wird die letzte Zeile sicher ausgegeben, da wir nur einen bestraften Wittener haben, der damit zwangsläufig das schwarze Schaf seiner Gemeinde ist.

Gibt es nun keine andere Möglichkeit zur Ermittlung aller schwarzen Schafe? Doch, es gibt, wenn man wieder mit einer temporären Tabelle arbeitet. Erzeugen wir eine Tabelle, in der für jeden Ort die höchsten Gebühren festgehalten werden. Mit einem Join können anschließend die gesuchten Leser herausgefischt werden.

```
create table temp as
select      wohnort,
            max(gebuehr) maxgebuehr
from        leser l, strafen s
where       l.leser_nr = s.leser_nr
group by    wohnort;
```

Diese Tabelle hat den Inhalt

temp	
wohnort	maxgebuehr
Dortmund	10
Witten	7

Der nächste Befehl liefert die gesuchten Übeltäter

```
select      l.leser_nr, name, wohnort, maxgebuehr
from        leser l, strafen s, temp t
where       l.leser_nr = s.leser_nr
and         l.wohnort = t.wohnort
and         gebuehr = maxgebuehr;
```

```
drop table temp;
```

Als Ergebnis erhalten wir

leser_nr	name	wohnort	maxgebuehr
C	Otto	Dortmund	10
D	Karl	Witten	7

5.10 Kombination von unabhängigen Abfragen

UNION, INTERSECTION, EXCEPT

SQL erlaubt, die Ergebnisse von mehreren Abfragen zu einem Ergebnis zusammenzufassen. Der ursprüngliche Standard sieht dabei nur die Möglichkeit vor, die Resultate von mehreren SELECT-Anweisungen gewissermaßen in einen Topf zu werfen. Dies geschieht mit dem Operator UNION. Die allgemeine Syntax lautet:

```
SELECT ...
UNION
SELECT ...
[ UNION SELECT ... ]...
[ ORDER BY ... ]
```

Die einzelnen SELECT-Befehle können dabei alle bekannten Klauseln inklusive Subqueries beinhalten, mit Ausnahme eines ORDER BY, das wenn überhaupt, nur am Ende einer gesamten UNION Kette vorkommen darf, um das Endresultat zu sortieren. Bedingung ist allerdings, daß die Projektionsteile der beteiligten Abfragen gewissermaßen kompatibel zueinander sind. Die Anzahl der Spalten muß übereinstimmen und die Datentypen pro Spalte müssen kombinierbar sein, d.h. Zeichenketten, Zahlen und Datumstypen können jeweils nur untereinander mit UNION zusammengefügt werden. Das folgende Beispiel ist gutmütig: wenn wir zusätzlich zu unserer Bücher-

tabelle eine Tabelle mit neu bestellten Büchern verwalten, dann können wir
ohne Probleme den Befehl

```
select      autor, titel
from        buecher
union
select      autor, titel
from        bestell
order by    1,2;
```

eingeben, um eine besonders aktuelle Liste unserer Bücher zu bekommen.
In der ORDER-BY-Klausel müssen die zu sortierenden Spalten über ihre
Position im Projektionsteil angegeben werden, da die mit UNION zusam-
mengefügten Spalten nicht identische Namen haben müssen. Die folgende
Abfrage ist zwar wenig sinnvoll, zeigt aber die Problematik:

```
select      autor
from        buecher
union
select      name
from        leser
order by    ???
```

Da der Name der Spalte nicht eindeutig bestimmt ist, muß zur Sortierung
halt die Position der Spalte, also order by 1 angegeben werden. Eine weitere Frage betrifft doppelte Ergebniszeilen. Da die Theorie etwas gegen
mehrfach vorkommende Zeilen in einer Tabelle hat, werden diese bei der
UNION-Operation unterdrückt. Wenn wir also alle verliehenen und alle
vorgemerkten Bücher in einer Liste durch den Befehl

```
select      b.buch_nr, autor, titel
from        buecher b, verleih v
where       b.buch_nr = v.buch_nr
union
select      b.buch_nr, autor, titel
from        buecher b, vormerk v
where       b.buch_nr = v.buch_nr;
```

ausgeben wollen, dann erscheint der Großteil der vorgemerkten Bücher nicht doppelt, obwohl ja vorgemerkte Bücher im Normalfall an einen anderen Leser verliehen sind.

UNION ist der einzige Operator im alten Standard, der zur Verbindung mehrerer Abfragen eingesetzt werden kann. Im neuen SQL2-Standard wird sich diese Situation ändern. Auch ist Vorsicht bei Verwendung von UNION in Subqueries geboten. Eine Konstruktion wie

```
select      ...
from        ...
where       x in
            (  select      ...
               union
               select      ...
            )
;
```

wird nur von ausgesprochen fortschrittlichen SQL-Interpretern (Oracle ist hier lobend zu erwähnen) verdaut. Ist ein Interpreter mit dieser Konstruktion überfordert, kann als Alternative der Weg über eine temporäre Tabelle gewählt werden.

Aus der Relationentheorie sind aber noch zwei weitere wichtige Operationen bekannt, die der Bildung von Schnitt- und Differenzmenge aus der Mengenlehre entsprechen. Da der alte Standard sich zu diesen Operatoren nicht geäußert hat, sind Implementierung und Namensgebung unterschiedlich. Wir verwenden in den folgenden Beispielen die Namen INTERSECTION und EXCEPT.

Um eine Liste aller Bücher, die sowohl verliehen als auch vorgemerkt sind, können wir zwei Abfragen wie folgt kombinieren:

```
select      b.buch_nr, autor, titel
from        buecher b, verleih v
where       b.buch_nr = v.buch_nr
intersection
select      b.buch_nr, autor, titel
from        buecher b, vormerk v
where       b.buch_nr = v.buch_nr;
```

Oder falls wir über einen SQL-Interpreter verfügen, der den Schnittmengenoperator auch in einer Subquery beherrscht, geht es auch wesentlich eleganter:

```
select      buch_nr, autor, titel
from        buecher
where       buch_nr  in
            (  select      buch_nr
               from        verleih
               intersection
               select      buch_nr
               from        vormerk
            )
;
```

War bei Einsatz von UNION und INTERSECTION die Reihenfolge der beteiligten Abfrage unerheblich, so ist das im Zusammenhang mit EXCEPT nicht mehr der Fall. Die Menge der ausleihbaren Bücher kann man (umständlich) wie folgt ermitteln:

```
select      *
from        buecher
except
select      *
from        buecher
where       leihfrist = 0;
```

Dabei wird von der Menge aller Bücher (1. Abfrage) die Menge der nicht ausleihbaren Bücher (2. Abfrage) abgezogen. Als Ergebnis erhält man folg-

lich alle ausleihbaren Bücher. Vertauscht man dagegen die beiden SE-
LECTs, dann wird man als Ergebnis die leere Menge erhalten, da die
Menge der (nicht) ausleihbaren Bücher eine echte Teilmenge aller Bücher
ist. Ein abstraktes Beispiel soll abschließend die allgemeine Wirkung von
EXCEPT verdeutlichen. Gegeben seien folgende zwei Tabellen:

u
1
2
4

v
2
3
4
5

Die Abfrage

```
select      *
from        u
except
select      *
from        v;
```

erzeugt das Ergebnis,

1

während die umgekehrte Version

```
select      *
from        v
except
select      *
from        u;
```

die Tabelle

3
5

als Resultat liefern würde.

5.11 Weitere Beispiele zu SELECT

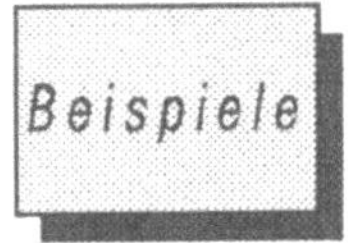

Nachdem wir nun alle Sprachmittel der SELECT Anweisung systhematisch bearbeitet haben und dabei schon mehrfach klar wurde, daß oft verschiedene Abfragen zum gleichen Ergebnis führen, wollen wir im letzten Abschnitt dieses Kapitels nochmal an einem anderen Beispiel Anwendungen des SELECT-Befehls zeigen und uns dabei besonders auf unterschiedliche Lösungen für das gleiche Problem konzentrieren. Dazu benutzen wir nur eine einzige Tabelle, die die ersten 25 Primzahlen enthält.

prim	
n	p
1	2
2	3
3	5
4	7
5	11
6	13
7	17
8	19
9	23
10	29
11	31
12	37
13	41
14	43
15	47
16	53
17	59
18	61
19	67
20	71

21	73
22	79
23	83
24	89
25	97

Primzahlen sind Zahlen, die nur durch 1 und sich selbst ohne Rest teilbar sind. In der linken Spalte n steht eine fortlaufende Nummer, in der rechten Spalte p steht die entsprechende Primzahl. Bei den Primzahlen ist auffällig, daß sich zwei aufeinanderfolgende häufig durch die Differenz 2 unterscheiden, z.B. 3 und 5, oder 5 und 7, oder 29 und 31, oder 41 und 43, u.s.w. Diese Primzahlpaare mit der Differenz 2 nennt man auch Primzahlzwillinge. Stellen wir uns die Aufgabe, eine Tabelle der Zwillinge zu erstellen, also eine Übersicht mit folgendem Anfang:

p	$p + 2$
3	5
5	7
11	13
17	19
...	...

■   Selektiere alle Primzahlzwillinge (Correlated Subquery)

```
select      p1.p,
            p1.p + 2
from        prim p1
where       exists
            ( select      *
              from        prim p2
              where       p2.p = p1.p + 2
            )
;
```

In dieser Abfrage wird für jede Primzahl der Tabelle explizit nachgesehen, ob in der Tabelle eine Zahl existiert, die um 2 größer ist als sie selbst.

■ Selektiere alle Zwillinge (Einfache Subquery)

```
select      p, p + 2
from        prim
where       p + 2 in
            ( select      p
              from        prim
            )
;
```

Hier werden durch die Subquery alle Primzahlen zur Verfügung gestellt, und die Hauptabfrage liefert diejenigen Primzahlen p, für die p+2 in der Liste enthalten ist.

■ Selektiere alle Zwillinge (Join)

Wenn man zum erstenmal mit Joins konfrontiert wird, kommt man nicht auf Anhieb darauf, was aber spricht eigentlich dagegen, eine Tabelle mit sich selbst zu "joinen"? Nichts! Da bei diesem sogenannten **Autojoin** oder **Selfjoin** jedoch alle Spalten einer Tabelle doppelt vorhanden sind, muß zur Unterscheidbarkeit **zwingend** mit Aliasnamen gearbeitet werden.

```
select      p1.p, p2.p
from        prim p1, prim p2
where       p2.p = p1.p + 2;
```

Bei Autojoins ist die Join-Bedingung typischerweise nicht die Gleichheit zweier Werte aus beiden Tabellenteilen. Die Bedingung **where** p2.p = p1.p würde im Grunde nichts weiter liefern als die ursprüngliche Tabelle selbst. Verknüpfen wir zwei verschiedene Tabellen, so erreichen wir durch Gleichsetzen zweier Spalten in der Regel, daß nur zusammengehörende Daten kombiniert werden. Verknüpfen wir dagegen eine Tabelle mit sich selbst, dann tun wir das zum Zweck der Kombination von Daten aus verschiedenen Zeilen einer Tabelle. Die Gleichsetzung von Spalten aber hätte genau den gegenteiligen Effekt.

Wir können nun die Fragestellung einmal umkehren und nach partnerlosen Primzahlen suchen. Dabei ist die Lösung dieses Problems nicht einfach die Negation des ersten. Um ein Zwillingspaar zu finden, mußten wir für eine Zahl p nur untersuchen, ob p+2 in der Primzahltabelle vorhanden ist. Wenn ja, so hatten wir ein Paar gefunden und konnten es ausgeben. Um aber sicher zu sein, daß eine Zahl p nicht zu einem Zwilling gehört, müssen wir sicherstellen, daß sowohl p-2, wie auch p+2 nicht in der Tabelle stehen. Der Aufwand ist also größer als vorher.

■   Selektiere alle Primzahlen, die nicht zu einem Zwilling gehören. (Correlated Subqueries)

```
select      p
from        prim p
where       0 =
            (  select      count(*)
               from        prim pp
               where       p.p = pp.p - 2
            )
and         0 =
            (  select      count(*)
               from        prim pp
               where       p.p = pp.p + 2
            )
;
```

Wir verwenden hier die gleiche Technik wie im ersten Beispiel, nur daß wir für **not exists** eine gleichwertige Formulierung benutzen und wir natürlich zwei Correlated Subqueries zur Überprüfung beider Bedingungen benötigen. Da die Subqueries aber voneinander unabhängig sind, gibt es für den Aliasnamen pp keine Zweideutigkeit. Jedes pp steht für sich.

- Selektiere alle Primzahlen, die nicht zu einem Zwilling gehören. (Einfache Subqueries)

```
select      p
from        prim
where       p-2 not in
            (  select      p
               from        prim
            )
and         p+2 not in
            (  select      p
               from        prim
            )
;
```

- Selektiere alle Primzahlen, die nicht zu einem Zwilling gehören. (Join)

Wer meint, man könne die Abfrage aus der ersten Beispielreihe einfach wie folgt modifizieren,

```
select      p1.p
from        prim p1, prim p2
where       p1.p != p2.p-2
and         p1.p != p2.p+2;
```

der täuscht sich gewaltig. Alle anderen Operatoren als = hinterlassen aus dem kartesischen Produkt in der Regel ein gewaltiges Erbe. Anschaulich kann man sich das in diesem Beispiel so vorstellen, daß es für zwei Zahlen viel mehr Möglichkeiten gibt ungleich zu sein, als gleich. Die Lösung mit einem Join ist in diesem Fall durchaus nicht einfach und man muß sich die einzelnen Bedingungen sehr genau überlegen. Wir benötigen sogar einen zweifachen Autojoin.

```
select      p1.p
from        prim p1, prim p2, prim p3
where       p1.n = p2.n - 1
and         p1.n = p3.n + 1
and         p1.p != p2.p - 2
and         p1.p != p3.p + 2;
```

Wir benutzen die Spalte n, um die folgenden != Bedingungen nur
noch für benachbarte Zeilen zuzulassen, denn genau dort müssen sie
zutreffen. Da nämlich die Differenz z.B. der 7. und der 21. Primzahl
sicher auch ungleich zwei ist, müssen wir diese störende Tatsache dadurch unterdrücken, daß wir die 7. Primzahl nur mit der 6. und der 8.
vergleichen.

■ Selektiere alle Primzahlen, die nicht zu einem Zwilling gehören.
   (EXCEPT)

Die Ermittlung der partnerlosen Primzahlen kann unter Verwendung
des EXCEPT Operators (falls vorhanden) auf die der Zwillinge zu-
rückgeführt werden, da die partnerlosen Zahlen ja alle Primzahlen ab-
züglich der Zwillinge sind.

```
select      p
from        prim
except
select      p
from        prim
where       p+2  in
            (   select      p
                from        prim
            )
or          p-2  in
            (   select      p
                from        prim
            )
;
```

Zusammenfassung

- Mit dem SELECT-Befehl können Anfragen an die Datenbank gestellt werden. Dabei kann auf Daten aus einer oder mehrerer Tabellen Bezug genommen werden. Gehen Daten aus mehreren Tabellen in die Abfrage ein, so spricht man von einem **Join**. Ein Join zweier Tabellen wird aus dem **kartesischen Produkt** der Tabellen gebildet, das ist die vollständige Kombination aller Zeilen der ersten mit allen Zeilen der zweiten Tabelle. Das Ergebnis einer Abfrage wird in Tabellenform ausgegeben.

- Die WHERE-Klausel wird benutzt, um das Ergebnis einer Anfrage gezielt auf bestimmte Daten einzuschränken. Dabei können aus einfachen Bedingungen unter Verwendung der Operatoren AND, OR und NOT komplexe Gesamtbedingungen an die **Selektion** geknüpft werden. **Bei Joins ist eine WHERE-Klausel in der Regel bereits notwendig, um das kartesische Produkt der Jointabellen auf sinnvolle Zeilen einzuschränken.**

- Mit der GROUP-BY-Klausel können Informationen gezielt **zusammengefaßt** werden. Es ist allerdings darauf zu achten, daß die Spalten, die nicht in der GROUP-BY-Klausel aufgeführt sind, mit einer der **SQL-Gruppenfunktionen** versehen werden. Mit der HAVING-Klausel können im Anschluß an eine Gruppierung weitere Bedingungen an das Ergebnis einer Anfrage geknüpft werden.

- Die Reihenfolge der Zeilen in einer Tabelle ist prinzipiell bedeutungslos. Das Ergebnis einer Abfrage soll zur übersichtlichen Darstellung in der Regel aber nach bestimmten Kriterien **sortiert** ausgegeben werden. Mit der ORDER-BY-Klausel ist es möglich, die Ausgabe nach beliebigen Kriterien auf- oder absteigend zu sortieren.

- Der SELECT-Befehl wird zu den sog. DML-Befehlen gezählt, obwohl eine Abfrage natürlich keine wirkliche Manipulation (Veränderung) der Datenbank bewirkt. Er ist aber mit den anderen DML-Kommandos verwandt und beinhaltet alle in dieser Klasse anzutreffenden Sprachmittel. Eine intensive Beschäftigung mit diesem Befehl ist daher die beste und sicherste Möglichkeit, sich in das z.T.

schwierige Gebiet der Konstruktion von DML-Befehlen einzuarbeiten.

Übungen

1. Ermitteln Sie alle ausleihbaren Klassiker.

2. Erstellen Sie eine Übersicht über Ihre "jungen" Leser. Es sollen alle Leser ausgegeben werden, die erst höchstens ein Jahr zu Ihrem Leserstamm gehören.

3. Erstellen Sie eine Übersicht über die Verteilung der Bücher auf die einzelnen Gruppen. Wieviele Bücher gibt es pro Gruppe?

4. Wie sieht die prozentuale Verteilung der Bücher auf die einzelnen Gruppen aus?

5. Sie haben in Ihrer Bibliothek teils nur ein Exemplar, teils aber auch mehrere Exemplare eines Buches angeschafft. Sie möchten wissen, ob Sie wegen starker Nachfrage von einigen Büchern weitere Exemplare beschaffen sollen, bzw. ob sich die Anschaffung mehrerer Exemplare gelohnt hat. Erstellen Sie dazu folgende Übersicht:

autor	titel	Anz. Exempl.	durchschnittl. Ausleihe pro Exemplar
...	...	...	...

Erstellen Sie eine weitere Liste, in der nur noch die Bücher auftauchen, für die Sie weitere Exemplare bestellen möchten. Setzen Sie sich dazu eine geeignete Schwelle, z.B. durchschnittliche Ausleihe pro Exemplar größer 50.

6. Welche Leser haben zur Zeit Bücher aus allen Buchgruppen entliehen?

7. Wieviele Leser haben zur Zeit mehr als ein Buch geliehen?

8. Wieviel Prozent der Leser aus dem gesamten Leserstamm haben zur Zeit keine Bücher geliehen?

9. Ermitteln Sie die Stadt, deren Leser insgesamt am häufigsten ausleihen.

10. Ermitteln Sie buch_nr, autor und titel von vorgemerkten Büchern, die nicht verliehen sind.

11. Gegeben seien die folgenden zwei Tabellen:

u	
s1	s2
1	4
2	4
3	2

v
s3
b
a

Welches Ergebnis liefert die Abfrage

```
select      distinct sum(s2)
from        u, v v1, v v2
where       s2 >
            (  select      max(s1)
               from        u
            )
and         v1.s3 != v2.s3
group by    v1.s3, v2.s3
```

12. Ermitteln Sie den prozentualen Anteil der verliehenen Bücher am ge-
     samten Buchbestand. Verwenden Sie zur Lösung eine temporäre Ta-
     belle.

13. Konstruieren Sie je einen Fall, für den die Bedingung

     a)   where x != any (...)
                 nicht erfüllt ist,

     b)   where x = all (...)
                 erfüllt ist.

6 Transaktionsprogrammierung

Bislang haben wir ausschließlich Fragen an unsere Datenbank gestellt. Es gibt durchaus Anwendungen, an die nach einmaligem Erstellen einer Datenbank fast nur noch Anfragen gestellt werden. Wollen wir zu wissenschaftlichen Zwecken etwa alle bekannten Maler und Werke vom Mittelalter bis zum Impressionismus katalogisieren, so ist die Datenbank nach ihrer Erstellung statisch. Im Idealfall kommt nichts mehr dazu und nichts geht verloren. Andererseits gibt es Datenbanken, die sich nahezu pausenlos ändern, da sie stets den aktuellen Zustand eines sich ständig wandelndes Systems repräsentieren sollen. Beispiele für solche Transaktionssysteme gibt es reichlich. Buchungssysteme aller Art, Lagerverwaltungen und natürlich auch beliebige Miet- und Leihgeschäfte, wie unsere Bibliothek. Eine derartige Datenbank soll zu jedem Zeitpunkt den korrekten Zustand für die Anwendung widerspiegeln. Welche Bücher haben wir, welcher Leser hat welches Buch, wieviel Gebühren hat ein Leser zu zahlen? All das ändert sich in einer großen Bibliothek mit mehreren Terminals bei Hochbetrieb unter Umständen mehrmals pro Sekunde. Immer wenn wir jemandem mit freundlichem Lächeln ein Buch für einen Monat lang in die Hände drücken, ist unsere Datenbank solange veraltet, bis die Tatsache "Leser X hat Buch Y" in der Verleihtabelle erscheint. Hier wird das Problem der Konsistenz einer Datenbank berührt.

Eine Datenbank ist inkonsistent, wenn ihr Inhalt nicht mit den äußeren Gegebenheiten übereinstimmt, die sie widerspiegeln soll. Die Möglichkeiten dazu sind in der Regel vielfach gegeben. In unserem Beispiel haben wir nicht nur

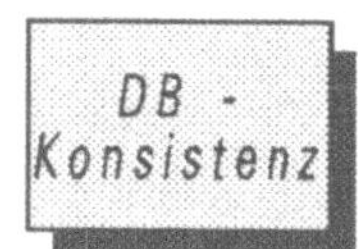

darauf zu achten, daß eine Ausleihe eingetragen wird, sondern wir müssen neue Bücher in die Büchertabelle eintragen, die Adresse eines Lesers bei Umzug ändern, Gebühren für jeden Tag pro überzogenem Buch berechnen, gezahlte Gebühren verbuchen, keine Bücher an gesperrte Leser verleihen, u.s.w. Im Fall einer schlecht normalisierten Datenbank steht uns noch mehr Ärger ins Haus. Führen wir die Adressen von Lesern in zwei verschiedenen Tabellen, so können wir aus Versehen bei einem Umzug nur eine der beiden ändern. Wir haben dann eine Datenbank, deren Daten sogar schon mit sich selbst in Widerspruch stehen.

Im Verlauf dieses Kapitels wollen wir uns denn auch nicht ausschließlich mit der Anwendung der DML-Befehle befassen, sondern dabei immer ein wachsames Auge auf die Konsistenz unserer Datenbank haben und die Mittel, die SQL dazu bereitstellt, sorgfältig einsetzen.

6.1 Das Transaktionskonzept

Unter einer Transaktion versteht man die Überführung einer konsistenten Datenbank in einen neuen konsistenten Zustand. Dabei kann es sich um eine einzige Änderung in einer Tabelle oder um viele, logisch voneinander abhängige Veränderungen mehrerer Tabellen handeln. Wieviele und welche Änderungsbefehle eine Transaktion bilden, ist von der Art und Folge der Anweisungen völlig unabhängig, die Datenbank kann es daher nicht automatisch erkennen. Ausschließlich aus der Anwendung selbst geht hervor, welche Manipulationen voneinander abhängig sind.

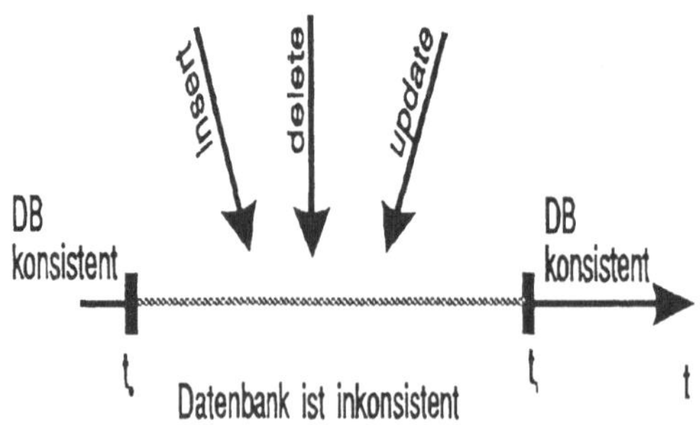

Bild 6.1:   Ablauf einer Transaktion

Eine Transaktion mit einem Schritt ist in unserem Beispiel der Umzug eines Lesers. Wir ändern seine Adresse in der Lesertabelle. Zwei Schritte benötigen wir, wenn ein Leser gesperrt werden soll. Im ersten Schritt müssen wir nachsehen, ob der Leser bereits Gebühren zu zahlen hat und daher schon in der Straftabelle auftaucht. In diesem Fall muß das noch leere Feld **sperre** auf das aktuelle Datum gesetzt werden. Taucht er darin nicht auf, muß mit einem zweiten Befehl ein neuer Satz in die Straftabelle für diesen Leser eingetragen werden. Um eine Buchausleihe zu bewerkstelligen, benötigen wir drei Schritte. Leser und Buch müssen in die Verleihtabelle eingetragen werden, die Ausleihzahl des Buches muß um eins erhöht werden, ebenso wie die Ausleihzahl des Lesers.

SQL stellt zwei Befehle zur Transaktionssteuerung bereit. Durch den Befehl

```
commit work;
```

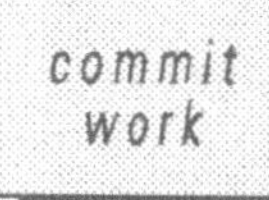

wird eine offene Transaktion abgeschlossen und eine neue geöffnet. Der Abschluß einer Transaktion bedeutet, daß alle bis dahin durchgeführten Änderungen festgeschrieben werden. In einer nicht abgeschlossenen Transaktion gibt es die Daten noch in doppelter Form, einmal im ursprünglichen Zustand und einmal in der geänderten Version. Durch **commit work** werden die ursprünglichen Daten gelöscht und die Datenbank befindet sich in einem neuen Zustand (der hoffentlich konsistent ist).

Treten im Verlauf einer Transaktion Fehler auf, so können alle Änderungen seit Beginn der Transaktion durch den Befehl

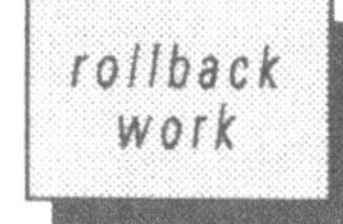


```
rollback work;
```

rückgängig gemacht werden. Die Datenbank befindet sich dann wieder im alten Zustand (der hoffentlich konsistent war).

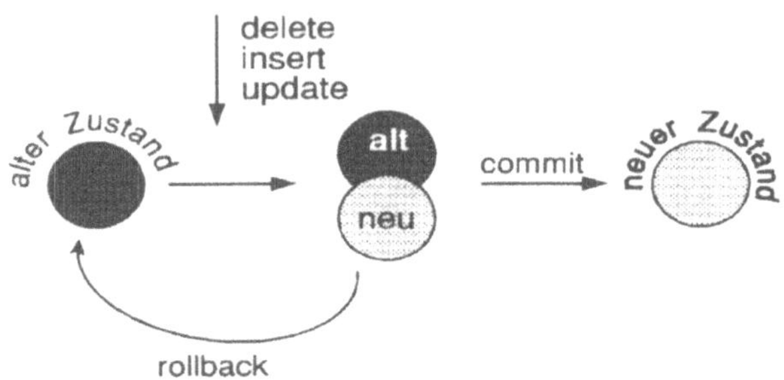

Bild 6.2:   Wirkung von COMMIT und ROLLBACK

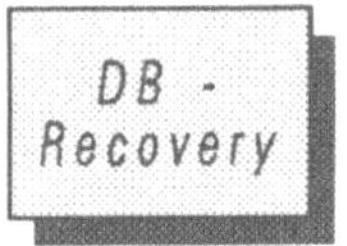

Was geschieht, wenn ein Rechner inmitten einer offenen Transaktion abstürzt? Da wir zu diesem Zeitpunkt weder ein COMMIT WORK, noch ein ROLLBACK WORK eingegeben haben, befindet sich die Datenbank in einem Zwischenzustand. Für eine große Datenbank in einem Produktionsbetrieb ist die Konsistenz ein derart wichtiger Aspekt, daß alle großen Datenbanksysteme (IBM, Oracle, Informix, ...) über ein automatisches **Recovery-System** verfügen. Dieses System hat Kenntnis über abgeschlossene Transaktionen und führt beim Hochfahren des Datenbanksystems ein automatisches ROLLBACK WORK für alle offenen Transaktionen durch. Kommt man in die unglückliche Lage, bereits abgeschlossene Transaktionen rückgängig machen zu müssen, so bietet das Recovery-System selbst dazu Mittel und Wege an. Diese erfordern aber in der Regel die Unterstützung des Datenbank-Administrators.

6.2 INSERT

Mit dem INSERT-Befehl können Daten in eine Tabelle eingefügt werden. Einfügen bedeutet immer eine oder mehrere Zeilen zu einer Tabelle hinzufügen. Die Vervollständigung von fehlenden Daten in bereits vorhandenen

Zeilen (NULL-Werte) fällt in das Arbeitsgebiet von UPDATE. INSERT gibt es in zwei Varianten. Mit der ersten nennt man die Spalten und die zugehörigen Werte für die neue Zeile.

```
INSERT INTO tabelle
[ (  spalte [, spalte]...  ) ]
VALUES (  wert [, wert]...  );
```

Wollen wir ein neues Buch in unsere Büchertabelle aufnehmen, z.B.

```
buch_nr          99999
autor            (keine Angabe)
titel            dBase III  Referenz
gruppe           (noch offen: EDV oder Unterhaltung?)
leihfrist        30 Tage
ausleihzahl      0 (weil neu)
```

so müssen wir darauf achten, für jede als NOT NULL definierte Spalte der Tabelle auf jeden Fall einen Wert parat zu haben, da wir die Zeile sonst überhaupt nicht einfügen können. Der INSERT-Befehl lautet dann:

```
insert into buecher
(  buch_nr,
   titel,
   leihfrist,
   ausleihzahl
) values
(  '99999',
   'dBase III  Referenz',
   30,
   0
);
```

Wenn wir für alle Spalten der Tabelle Werte angeben und die bei der Definition ursprünglich angegebene Reihenfolge beachten, dann können wir die Aufzählung der Spalten weglassen. Fehlende Werte können wir auch als NULL angeben.

```
insert into buecher values
(   '99999',
    null,
    'dBase III  Referenz',
    null,
    30,
    0
);
```

Natürlich müssen wir darauf achten, für jede Spalte auch einen Wert mit dem richtigen Datentyp anzugeben. Der INSERT-Befehl erzeugt in dieser Variante genau einen neuen Satz in der Tabelle. Die zweite Version, offiziell erst mit dem SQL2-Standard verfügbar, ermöglicht das Einfügen eines oder mehrerer Sätze mit einem Befehl, vorausgesetzt, die Daten sind bereits in anderen Tabellen vorhanden.

```
INSERT INTO tabelle
SELECT ...
```

Mit einem gewöhnlichen SELECT-Befehl können Daten in eine Tabelle eingefügt werden, wobei man allerdings genau zu beachten hat, daß der Projektionsteil des SELECT-Befehls genau die Spalten mit den entsprechenden Datentypen festlegt, die zum Einfügen in die Tabelle benötigt werden.

6.3 DELETE

Mit dem DELETE-Befehl können Zeilen aus einer Tabelle entfernt werden. Die Syntax dazu ist:

```
DELETE FROM tabelle [alias]
[  WHERE ...  ]
```

Die WHERE-Klausel des Befehls bietet die gleichen Möglichkeiten wie die
des SELECT-Befehls. **Vorsichtig müssen wir nur beim Weglassen des
Selektionsteils sein. Der Befehl**

```
delete from buecher;
```

löscht ohne zusätzliche Einschränkung alle Zeilen der Büchertabelle.
Wollen wir eine bestimmte Zeile einer Tabelle löschen, so sollte das stets
über den Schlüssel der Tabelle geschehen, da dieser eindeutig ist. Man
vermeidet so die Gefahr, in einer großen Tabelle versehentlich mehr zu löschen, als eigentlich geplant. Um ein bestimmtes Buch aus der Büchertabelle zu löschen, sollten wir also die entsprechende Buchnummer angeben.
Wählen wir das Buch mit der Nummer 99999, dann lautet der Befehl

```
delete
from     buecher
where    buch_nr = '99999';
```

Um alle noch nie verliehenen, aber ausleihbaren Bücher zu löschen, können
wir

```
delete
from     buecher
where    ausleihzahl = 0
and      leihfrist > 0;
```

eingeben.

6.4 UPDATE

Mit dem UPDATE-Befehl werden Daten in bereits vorhandenen Zeilen einer Tabelle verändert. UPDATE existiert ebenfalls in zwei Varianten. Die
erste lautet

```
UPDATE tabelle [alias]
SET spalte = ausdruck   [, spalte = ausdruck]...
[  WHERE ...   ]
```

Auch hier ist wieder zu beachten: **ohne WHERE-Klausel werden alle Zeilen der Tabelle verändert.**

Wollen wir nun die Leihfrist "14 Tage" abschaffen und alle entsprechenden Bücher für 30 Tage ausleihen, dann schreiben wir den Befehl

```
update  buecher
set     leihfrist = 30
where   leihfrist = 14;
```

Soll genau eine Zeile geändert werden, empfiehlt es sich wieder, in der WHERE-Klausel den Schlüssel der Tabelle anzugeben.

Die zweite Form des UPDATE-Befehls lautet

```
UPDATE tabelle [alias]
SET ( spalte  [, spalte]... ) = SELECT ...
[ WHERE ... ]
```

Zu beachten ist, daß die Subquery in der SET-Klausel eine Single-Row-Subquery ist und die Angabe der Spalten im SET-Teil mit dem Projektionsteil der Subquery übereinstimmen muß. Wollen wir z.B. die Leihfrist für alle Werke von Goethe gleichsetzen, und zwar auf den größten der bereits vorhandenen Werte, dann schreiben wir

```
update  buecher
set     leihfrist =
        ( select     max(leihfrist)
          from       buecher
          where      autor = 'Goethe'
        )
where   autor = 'Goethe';
```

6.5 Probleme mit DELETE und UPDATE

Aus den letzten drei Abschnitten geht hervor, daß wir für den Einsatz der DML-Befehle keine grundsätzlich neuen Techniken und Sprachkonstrukte zu lernen haben. Trotzdem bereitet der Umgang mit DELETE und UP-DATE häufig unerwartete Probleme. Der Grund dafür liegt in diesem Fall eben nicht in den zusätzlichen Möglichkeiten der Befehle, sondern in der Beschränkung der Sprachmittel, die zur Verfügung stehen. Im letzten Abschnitt des SELECT Kapitels haben wir gezeigt, daß das gleiche Problem häufig mit unterschiedlichen Sprachmitteln gelöst werden kann. In manchen Fällen konnten wir sogar Lösungen mit Joins, Subqueries und Correlated Subqueries alternativ anbieten. Nicht selten war dabei die Lösung über einen Join die einfachste Variante und eben darauf müssen wir bei DE-LETE und UPDATE verzichten. Die Syntax erfordert im Zusammenhang mit diesen Befehlen stets die Angabe genau einer Tabelle und die Möglichkeit, auf Daten aus anderen Tabellen Bezug zu nehmen, kann nur noch über eine Subquery wahrgenommen werden. **In vielen, zum Teil ganz einfachen Fällen, kann dabei keine Lösung ohne Correlated Subquery gefunden werden.**

Konstruieren wir dazu ein einfaches, alltägliches Beispiel, wie es in jeder Datenbank in ähnlicher Form vorkommen kann. Wir haben uns dazu entschlossen, unsere Buchnummernsystematik zu ändern und müssen dazu einen Teil der Bücher umnumerieren. Der direkte Weg, mit UPDATE interaktiv die Büchertabelle zu ändern, ist viel zu fehleranfällig und wir wollen zunächst in einer Hilfstabelle die Nummern der zu ändernden Bücher erfassen und die neuen Nummern dazu eintragen. Ist sie korrekt und vollständig, dann sollen mit einem Befehl die Buchnummern in der Büchertabelle gemäß dieser Hilfstabelle umgesetzt werden. Sehen unsere Tabellen wie folgt aus:

buecher	
buch_nr	autor
1	Goethe
2	Schiller
3	Goethe
4	Lessing
5	Goethe

wechsel	
alt	neu
2	X
4	Y

In der Tabelle **wechsel** haben wir festgehalten, daß die Buchnummer 2 auf
den Wert X und die 4 auf Y geändert werden sollen, der Rest bleibt unver-
ändert. Wir suchen nun einen UPDATE-Befehl, der aufgrund dieser Tabelle die Werte in der Büchertabelle ändert. Könnten wir einen Join einsetzen, wäre die Sache ganz einfach:

```
update      buecher, wechsel
set         buch_nr = neu
where       buch_nr = alt;
```

Dieser Befehl ist selbstverständlich nicht erlaubt. Es erscheint zunächst
auch natürlich, für einen UPDATE-Befehl nur eine zu verändernde Tabelle
zuzulassen. Damit hat man allerdings den Join, eines der mächtigsten Kon-
strukte, fallengelassen und auch nach längerer Überlegung läßt sich kein
zwingender Grund für ein Verbot eines Join im UPDATE-Befehl finden.
(Entsprechendes gilt für DELETE.)

Formulieren wir den Befehl also ohne Join:

```
update     buecher
set        buch_nr =
           (  select     neu
              from       wechsel
              where      buch_nr = alt
           )
where      buch_nr in
           (  select     alt
              from       wechsel
           )
;
```

Das Besondere an diesem Befehl ist, daß sich die Correlated-Subquery mit
buch_nr als Korrelationsvariable in der SET-Klausel befindet. Jeder SQL-
Interpreter sollte heutzutage diese Variante beherrschen. Falls wider
Erwarten nicht, besteht immer noch die Möglichkeit, das Problem in
mehreren Schritten unter Einsatz temporärer Tabellen zu lösen.

Das folgende Bild verdeutlicht die Abarbeitung dieses Befehls.

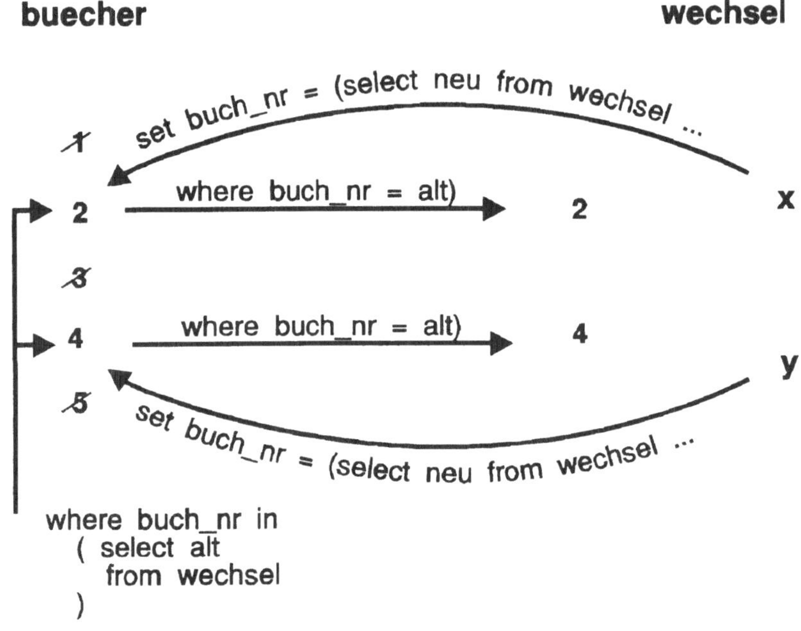

Bild 6.3:   UPDATE mit Correlated Subquery in der SET-Klausel

Die WHERE-Klausel zum UPDATE ist unbedingt notwendig, um die
Menge der zu ändernden Zeilen in der Büchertabelle auf die Bücher in der
Tabelle wechsel einzuschränken, denn sonst würden eigentlich alle Buch-
nummern geändert. Erstens soll das nicht sein und zweitens funktioniert das
auch nicht, da die Correlated Subquery in der SET-Klausel nicht für alle
Buchnummern ein Ergebnis liefert und der Befehl beim ersten Vorkommen
dieser Art abbricht. Die Correlated Subquery dient dem Zweck, aus der
Spalte alt der Tabelle wechsel die zur Büchertabelle passende Buchnum-

mer herauszusuchen und den Wert **neu** aus der gleichen Zeile in die Büchertabelle einzusetzen.

Noch schwieriger wird es bei einem anderen Alltagsproblem, wenn wir nämlich nicht nur einen neuen Wert aus einer zweiten Tabelle holen, sondern den alten und neuen Wert miteinander verrechnen müssen. In unserem Bibliotheksbetrieb haben wir dafür noch kein direktes Beispiel (es folgt später), es ist aber schnell eines geschaffen. Nehmen wir an, wir verwalten ein Lager und führen dazu eine Tabelle **bestand**. Bei Eintreffen einer Lieferung werden zunächst die eingetroffenen Waren in einer gesonderten Tabelle erfaßt und später zur Bestandstabelle hinzugefügt.

bestand	
artikel	anzahl
1	3
2	5
3	0
4	5
5	10

lieferung	
artikel	anzahl
2	5
3	10
5	2

Nachdem die Lieferung erfaßt ist, soll nun mit einem Befehl die Bestandstabelle auf den neuen Stand gebracht werden. Dazu müssen für die gelieferten Artikel die Anzahlen aus **bestand** und **lieferung** addiert werden. Die neue Bestandstabelle muß nach diesem Befehl die folgenden Daten enthalten:

bestand	
artikel	anzahl
1	3
2	10
3	10
4	5
5	12

Dem erfahrenen Programmierer kommt sofort die naheliegende Idee, ähnlich wie im letzten Beispiel zu verfahren und er beginnt:

```
update      bestand
set         anzahl = anzahl + ( select...
```

Wer bis hierher ein wenig Gespür für SQL entwickelt hat, den beschleicht jetzt ein ungutes Gefühl. Und in der Tat, was dort steht ist nicht erlaubt. Entweder steht in der SET-Klausel ein arithmetischer oder sonstiger Ausdruck, oder nach dem Gleichheitszeichen beginnt eine Subquery. Eine Mischung der Sprachmittel ist verboten. Je länger man allerdings darüber nachdenkt, umso weniger gute Gründe fallen einem für ein Verbot einer solchen Konstruktion ein. Eine Subquery erledigt doch eine ähnliche Aufgabe wie eine Funktion in einer gewöhnlichen Sprache und genau zu diesem Zweck wollen wir sie benutzen. Jedoch es hilft nichts, wir müssen das Problem anders lösen.

```
update      bestand bst
set         anzahl =
            (   select      b.anzahl + l.anzahl
                from        bestand b, lieferung l
                where       b.artikel = l.artikel
                and         l.artikel = bst.artikel
            )
where       artikel in
            (   select      artikel
                from        lieferung
            )
;
```

Grundsätzlich ist der Ablauf dieses Befehls der gleiche wie beim Umnumerieren der Bücher, nur daß in der Correlated Subquery jedesmal zusätzlich ein Join der Tabellen bestand und lieferung bemüht werden muß, um die Summe der Anzahlen aus beiden Tabellen zu ermitteln.

Es folgen nun noch einige Beispiele zu DELETE und UPDATE.

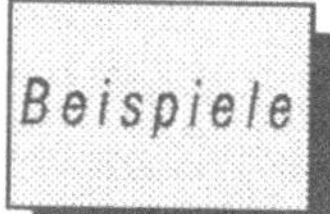

■   Hebe die Sperren für alle Leser auf, die keine Gebühren und weniger als 10 Bücher geliehen haben.

```
delete
from        strafen s
where       (   gebuehr = 0  or  gebuehr is null   )
and         10 >
            (   select      count(*)
                from        verleih v
                where       v.leser_nr = s.leser_nr
            )
;
```

Oder als Alternative ohne Correlated Subquery

```
delete
from        strafen s
where       (  gebuehr = 0  or  gebuehr is null   )
and         leser_nr in
            (  select      leser_nr
               from        verleih
               group by    leser_nr
               having      count(*) < 10
            )
;
```

■ Stelle sicher, daß von den Büchern, die mehr als fünfmal vorhanden sind, mindestens ein Exemplar nicht ausleihbar ist. Wenn wir also einen Buchtitel, z.B. Goethes Faust mindestens sechsmal haben und eins, zwei, oder mehr Exemplare davon sind nicht ausleihbar, dann geschieht gar nichts. Sind dagegen alle Exemplare ausleihbar, dann wird von einem die Leihfrist auf den Wert 0 gesetzt. Hier stellt sich das Problem, wie wir die Forderung "irgendeines wird nicht ausleihbar" umsetzen wollen. Wenn wir irgendeine der in Frage kommenden Nummern auswählen können, dann spricht nichts dagegen, die erste, kleinste Nummer zu nehmen und das durch min(buch_nr) auszudrücken. Ein geeigneter Befehl wäre also

```
update      buecher
set         leihfrist = 0
where       buch_nr in
            (  select      min(buch_nr)
               from        buecher
               group by    autor, titel
               having      count(*) > 5
               and         min(leihfrist) > 0
            )
;
```

6.6 SQL-Programme

In diesem Abschnitt wollen wir uns mit der Programmierung der zentralen Vorgänge in unserem Bibliotheksbetrieb befassen. Dazu zählen wir

- Sperren und Gebührenrechnung für überzogene Bücher

- Vormerken eines Buches

- Ausleihe eines Buches

- Rückgabe eines Buches

Es sollen jedoch nicht seitenweise Listings von perfekten Programmen folgen, sondern wir wollen uns mit dem logischen Kern der Transaktionen beschäftigen. Dabei vernachlässigen wir eine komfortable Benutzerumgebung. Mit SQL allein ist die Erstellung eines kompletten Softwaresystems ohnehin nicht möglich, da die Sprache selbst keine Hilfsmittel für komfortable Ein- und Ausgabe, Modularisierung und Fehlerbehandlung bereitstellt. Ein komplettes Anwendersystem wird in der Regel durch Einbettung der SQL-Teile in eine gewöhnliche Programmiersprache aufgebaut (s. Kap. 7: Embedded SQL). Wir wollen zunächst kurz erläutern, was man sich überhaupt unter einem SQL-Programm vorzustellen hat.

Alle SQL-Interpreter bieten zwei Möglichkeiten zur Befehlseingabe an. Sie erlauben die interaktive Eingabe von Kommandos genauso wie die Eingabe über eine Datei. Die in dieser Datei (die Dateinamen haben in der Regel die 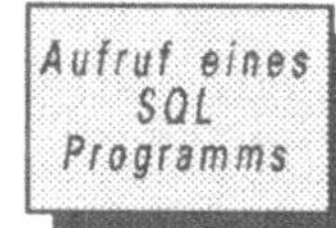

Endung .sql) stehenden Befehle werden vom Interpreter gelesen und ausgeführt. Der Inhalt einer solchen Datei wird **SQL-Programm** oder **SQL-Script** genannt. Aufruf und Behandlung solcher Programme sind herstellerabhängig und damit unterschiedlich. Wir nehmen hier an, daß der Aufruf eines Programms durch die Eingabe von

        RUN dateiname [parameter_1, parameter_2, ...]

erfolgt. Die Endung .sql des Dateinamens braucht beim Aufruf nicht angegeben zu werden. Die Parameter, falls vorhanden, können im Programm durch $1, $2, ... in der Reihenfolge ihres Auftretens angesprochen werden. Außerdem soll unser Interpreter an beliebigen Stellen einen in /* ... */ eingeschlossenen Kommentar zulassen.

Ein Mitarbeiter der Bibliothek hat beispielsweise eine Liste von bisher ausleihbaren Bücher erstellt, die in Zukunft zum Präsenzbestand gehören, also die Leihfrist 0 bekommen sollen. Die Liste der Bücher hat er in einer Tabelle festhalten erfaßt, die nur eine einzige Spalte buch_nr besitzt, in der alle zu bearbeitenden Buchnummern eingetragen sind. Nun könnte er die Leihfristen in einem Rutsch auf 0 setzen, ohne Rücksicht darauf, ob das betreffende Buch gerade ausgeliehen ist oder nicht. Diese Lösung gefällt ihm jedoch nicht, da ein Kollege, der von dieser Aktion keine Kenntnis hat, durch Zufall feststellen könnte, daß scheinbar nicht ausleihbare Bücher verliehen sind. Diesen Schreck möchte er ihm ersparen und deshalb erstellt er lieber ein kurzes Programm, das nur die Bücher bearbeitet, die zur Zeit nicht ausgeliehen sind. Ruft er nun dieses Programm in der folgenden Zeit häufiger auf, so müßte er nach und nach alle Bücher erwischen, und die Aktion sollte nach spätestens einem Monat (maximale Leihfrist ist 30 Tage) beendet sein.

```
/*  Bücher, die in der Tabelle festhalten stehen,          */
/*  bekommen leihfrist = 0                                 */


/*  1.  Nicht verliehene Bücher erfassen                   */

update      buecher
set         leihfrist = 0
where       buch_nr in
            (   select      buch_nr
                from        festhalten
            )
and         buch_nr not in
            (   select      buch_nr
                from        verleih
            )
;
```

```
/* 2.  Erfaßte Bücher aus festhalten löschen                    */

delete
from        festhalten
where       buch_nr not in
            (  select       buch_nr
               from         verleih
            )
;



commit work;  /*  Transaktion abschließen   */


/* 3.  Meldung ausgeben, wenn alle erfaßt sind                  */

select      'Tabelle festhalten ist leer'
from        dummy
where       not exists
            (  select       *
               from         festhalten
            )
;
```

Im letzten Befehl erscheint eine Tabelle dummy. Diese
Tabelle sei in der Datenbank vorhanden und bestehe aus
genau einer Zeile und einer Spalte mit beliebigem Inhalt.
Wir benutzen sie für den Fall, daß der Projektionsteil eines

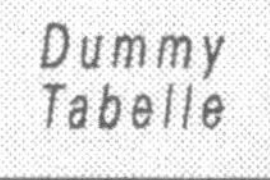

SELECT-Befehls nur aus Konstanten besteht, da die FROM Klausel nicht
fehlen darf und wir dort irgendeine Tabelle angeben müssen. Es ist sehr
praktisch, sich eine Tabelle für solche Zwecke einzurichten, wenn sie nicht
bereits bei der Systeminstallation angelegt wird. (In einer Oracle Datenbank
existiert z.B. aus diesem Grund stets die Tabelle dual.)

Hat unser freundlicher Mitarbeiter dieses Programm in einer Datei festhal-
ten.sql gespeichert und führt er es täglich einmal durch den Aufruf

```
run festhalten
```

aus, dann sind seine Aussichten gut, nach vier Wochen die Meldung 'Tabelle festhalten ist leer' zu bekommen. Es könnte ihm natürlich ein Buch

entwischen, wenn es zurückgegeben und am gleichen Tag wieder ausgeliehen wird, bevor er sein Programm gestartet hat. Dann klappt es wahrscheinlich bei der nächsten Rückgabe.

Um den Einsatz eines Parameters bei Aufruf von SQL-
Programmen zu erläutern, erstellen wir ein Programm, das
die Sperre eines Lesers aufhebt. Der Parameter für dieses
Programm ist die Lesernummer.

```
/*  Sperre eines Lesers aufheben                              */


/*  sperre auf NULL setzen                                    */

update      strafen
set         sperre = null
where       leser_nr = '$1';


/*  Zeile löschen, wenn keine Gebühren vorhanden              */

delete
from        strafen
where       leser_nr = '$1'
and         (  gebuehr is null  or  gebuehr = 0  );
```

Heißt dieses Programm freigabe.sql und soll die Sperre für einen Leser mit
der Nummer 12081 aufgehoben werden, dann kann das duch den Aufruf

```
run freigabe 12081
```

geschehen. Im Programmtext wird dann überall der Platzhalter $1 durch
den aktuellen Wert beim Aufruf ersetzt. Kommen mehrere Parameter vor,
so heißt der erste $1, der zweite $2, u.s.w.

6.6.1 Sperren und Gebührenberechnung

Um einen Leser zu sperren, (warum, sei im Moment egal) muß in der Tabelle **strafen** eine Zeile mit der Lesernummer und ein Datum, das Sperrdatum, in der Spalte **sperre** eingetragen werden. Nun kann es sein, daß der Leser bereits gesperrt ist. Dann wollen wir überhaupt nichts ändern. Der Leser kann bereits Gebühren haben. Dann wollen wir das noch leere Feld **sperre** in der Tabelle auf das aktuelle Datum setzen. Schließlich kann der Leser noch eine weiße Weste haben und er taucht in der Straftabelle bisher überhaupt nicht auf. In diesem Fall müssen wir eine neue Zeile für diesen Leser in die Tabelle einfügen.

Für einen alten Programmierhasen klingt das alles sehr nach einigen if - Anweisungen, mit SQL wird aus diesem Vorhaben jedoch nichts. Mit einem einzigen SQL-Befehl können wir das Problem offensichtlich nicht lösen, da wir, abhängig von der Ausgangssituation, einmal gar nichts, einmal UPDATE und einmal INSERT anwenden müssen. Hier müssen wir das Problem in mehrere, voneinander unabhängige SQL-Befehle zerlegen, die an geeignete logische Bedingungen geknüpft sind, um sich nicht gegenseitig ins Gehege zu kommen.

```
/* Leser hat bereits Gebühren                    */

update     strafen
set        sperre = today
where      leser_nr = '$1'
and        sperre is null;


/* Leser hat bisher eine weiße Weste             */

insert into strafen
select     '$1', null, today
from       dummy
where      not exists
           ( select     leser_nr
             from       strafen
             where      leser_nr = '$1'
           )
;
```

```
commit work;
```

Versuchen wir nun, ein Verfahren zur Vergabe von Gebühren und Sperren
nach folgenden Regeln einzurichten:

- Ein Leser wird gesperrt, wenn er mehr als 20 Bücher geliehen, Bücher länger als 30 Tage überzogen oder mehr
  als DM 100.- Gebühren zu zahlen hat.

- Für jedes überzogene Buch werden die bereits angefallenen Gebühren täglich um DM 1.50 erhöht.

Wir wollen dazu ein SQL-Programm erstellen, das einmal täglich, z.B.
abends nach Schalterschluß, aufgerufen werden kann und dabei alle erfor-
derlichen Aktionen durchführt. Sicher gibt es verschiedene Wege zur Lösung dieses Problems. Wir wollen hier ein möglichst klares, schrittweises
Vorgehen einsetzen, auch wenn das nicht zur kürzesten der möglichen Lösungen führt.

Im ersten Schritt erzeugen wird eine temporäre Straftabelle mit den für den
heutigen Tag angefallenen Gebühren. Dann fügen wir alle Leser hinzu, die
aus irgendeinem Grund gesperrt werden müssen. Zu diesem Zeitpunkt kann
jeder Leser noch mehrfach in der temporären Tabelle auftauchen. Im nächsten Schritt fassen wir alle Daten pro Leser zusammen. Danach übertragen
wir die Daten aus der temporären Tabelle in die Straftabelle. Bei dieser
Übertragung (Schritt 5) tritt das bereits angesprochene Problem des UP-
DATE mit Addition zweier Spalten auf.

```
/*  Strafen und Gebührenrechnung                              */


/*  1. Temporäre Tabelle erzeugen; Gebühren für den          */
/*  heutigen Tag berechnen                                   */

create table neue_strafen as
select      leser_nr,
            count(*) * 1.5,
            null
from        verleih
where       rueckgabedatum <= today
group by    leser_nr;


/*  2. Leser erfassen, die mehr als 20 Bücher haben          */

insert into neue_strafen
select      leser_nr,
            0,
            today
from        verleih
group by    leser_nr
having      count(*) > 20;


/*  3. Leser erfassen, die Bücher länger als 30 Tage         */
/*  überfällig haben                                         */

insert into neue_strafen
select      leser_nr,
            0,
            today
from        verleih
group by    leser_nr
having      min(rueckgabedatum) <= today - 30;


commit work;
```

```
/*  4. Daten pro Leser zusammenfassen                         */

create table neue_strafen_2 as
select      leser_nr,
            sum(gebuehr) gebuehr
            min(sperre) sperre
from        neue_strafen
group by    leser_nr;


drop table neue_strafen;


commit work;


/*  5. Gebühren in strafen übertragen                         */
/*  (s. Abschnitt: Probleme bei DELETE und UPDATE)            */

update      strafen
set         gebuehr =
            (  select      s.gebuehr + n.gebuehr
               from        strafen s,
                           neue_strafen_2 n
               where       s.leser_nr = n.leser_nr
               and         n.leser_nr = strafen.leser_nr
            )
where       leser_nr in
            (  select      leser_nr
               from        neue_strafen_2
            );


/*  6. Sperren in strafen übertragen                          */

update      strafen
set         sperre = today
where       sperre is null
and         leser_nr in
            (  select      leser_nr
               from        neue_strafen_2
               where       sperre is not null
            )
;
```

```
/*  7. Leser aus neue_strafen_2 übernehmen, die in        */
/*  strafen bislang nicht vorhanden sind                  */

insert into   strafen
select        *
from          neue_strafen_2
where         leser_nr not in
                  (  select      leser_nr
                     from         strafen
                  )
;


/*  8. Sperre Leser, die mehr als 100.- Gebühren haben     */

update        strafen
set           sperre = today
where         sperre is null
and           gebuehr > 100;


commit work;

drop table neue_strafen_2;
```

6.6.2 Vormerken eines Buches

Die Vormerkung eines Buches ist ein recht einfacher Vorgang. Wegen des
UNIQUE INDEX auf die Spaltenkombination leser_nr, buch_nr ist schon
gewährleistet, daß ein Leser ein bestimmtes Buch höchstens einmal zur
gleichen Zeit für sich reservieren kann. Darüber hinaus wollen wir folgende
Bedingungen an eine Vormerkung knüpfen:

- das Buch soll z.Z. ausgeliehen sein

- der Leser soll nicht gesperrt sein

- das Buch soll nicht öfter als fünfmal von anderen Lesern vorgemerkt sein

Diese Bedingungen können ohne Probleme an einen INSERT Befehl gebunden werden. Wir benötigen jedoch in diesem Fall für ein Programm zwei Eingabeparameter, nämlich die Lesernummer und die Buchnummer.

```
/*  Vormerken eines Buches                              */
/*  Im folgenden gilt:                                  */
/*  $1 = aktuelle Lesernummer                           */
/*  $2 = aktuelle Buchnummer                            */


insert into   vormerk
select        '$1', '$2', today
from          dummy
where         exists           /* Buch ist verliehen         */
              (  select        *
                 from          verleih
                 where         buch_nr = '$2'
              )
and           not exists       /* Leser ist nicht gesperrt   */
              (  select        *
                 from          strafen
                 where         leser_nr = '$1'
                 and           sperre is not null
              )
and           5 >              /* nicht zu oft reserviert    */
              (  select        count(*)
                 from          vormerk
                 where         buch_nr = '$2'
              )
;


commit work;
```

6.6.3 Ausleihe eines Buches

Die Ausleihe eines Buches ist der komplexeste Vorgang in unserer Bibliothek. Wir haben dabei eine ganze Reihe von Aktionen und Bedingungen zu berücksichtigen, die wir hier zunächst zusammenfassen wollen.

■   Aktionen

   ●   Eintrag des Lesers und Buches in die Verleihtabelle

   ●   Erhöhung der Ausleihzahl des Lesers

   ●   Erhöhung der Ausleihzahl des Buches

   ●   Löschen der Vormerkung, falls ein Leser ein von ihm reserviertes Buch abholt

■   Bedingungen

   ●   der Leser darf nicht gesperrt sein

   ●   das Buch muß ausleihbar sein

   ●   das Buch darf nicht von jemand anderem zu einem früheren Zeitpunkt vorgemerkt worden sein

Wir werden die Ausleihe in zwei Varianten vorstellen. Zuerst programmieren wir eine Minimalform, die die o.g. Bedingungen in möglichst direkter Form realisiert. Dabei knüpfen wir alle Bedingungen an den INSERT-Befehl, der Buch und Leser in die Verleihtabelle einträgt. Die anderen Aktionen machen wir dann davon abhängig, ob der Eintrag in die Verleihtabelle geschehen ist, d.h., jeder der folgenden Befehle beinhaltet eine Subquery, die das Vorhandensein des Eintrags des aktuellen Lesers mit dem gerade entliehenen Buch in der Verleihtabelle überprüft. Diese offensichtlich doppelt und dreifach ausgeführte Überprüfung ist mit SQL Mitteln allein nicht zu umgehen.

Da die letzte der drei genannten Bedingungen für eine Ausleihe sehr komplex ist, wollen wir sie zunächst gesondert behandeln. Sie ist ein Teil der WHERE-Bedingung, die wir an die Einfügeoperation in die Verleihtabelle stellen müssen. Der INSERT-Befehl hat insgesamt folgenden Aufbau:

```
insert into verleih
/* Lesernummer, Buchnummer und Rückgabedatum einfügen */
select      '$1', '$2', today + leihfrist
from        buecher
where       buch_nr = '$2'
and         ...             /* Buch ist ausleihbar */
and         ...             /* Leser ist nicht gesperrt */
and         ...             /* Niemand hat ältere Rechte */
;
```

Um die letzte Bedingung zu prüfen, könnte man denken, es genügt in der Vormerktabelle nachzusehen, ob eventuell für dieses Buch ein anderer Leser mit kleinstem, d.h. am weitesten zurückliegenden Datum eingetragen ist. In diesem Fall müßten wir eine Ausleihe verhindern, was mit dem EXISTS Operator möglich ist:

```
and       not exists
          ( select     *
            from       vormerk
            where      buch_nr = '$2'
            and        leser_nr != '$1'
            and        vormerkdatum in
                       ( select      min(vormerkdatum)
                         from        vormerk
                         where       buch_nr = '$2'
                       )
          )
```


Das funktioniert, solange ein anderer Leser mit einem früheren Datum in der Vormerktabelle auftaucht, es geht aber schief, wenn zwei Leser ein Buch am gleichen Tag vorgemerkt haben. Kommt Leser A und möchte sein Buch abholen, so findet der SELECT-Befehl Leser B, der das Buch ebenfalls vorgemerkt hatte, und die NOT-EXISTS-Bedingung ist nicht erfüllt. Möchte hingegen Leser B sein Buch abholen, so wird Leser A ihm einen Strich durch die Rechnung machen. Wir haben eine klassische Deadlock-Situation!

Um diese äußerst peinliche Situation zu vermeiden, müssen wir unsere Bedingung zu einer "Wer zuerst kommt, mahlt zuerst" Strategie abwandeln. Wir wollen das Buch ausleihen, wenn es überhaupt nicht vorgemerkt ist, oder der aktuelle Leser selbst mit dem "kleinsten" Datum in der Vormerktabelle steht, ungeachtet weiterer Leser mit eventuell gleichem Datum.

```
and      (  not exists
            (  select     *
               from       vormerk
               where      buch_nr = '$2'
            )
            or '$1' in
            (  select     leser_nr
               from       vormerk
               where      buch_nr = '$2'
               and        vormerkdatum in
                          ( select     min(vormerkdatum)
                            from       vormerk
                            where      buch_nr = '$2'
                          )
            )
         )
```

Diese Komponente ist funktionstüchtig und kann nun in den gesamten Befehl eingebaut werden:

```
/*  Ausleihe eines Buches                                          */
/*  Im Folgenden gilt:                                             */
/*  $1 = aktuelle Lesernummer                                      */
/*  $2 = aktuelle Buchnummer                                       */



/*  1. Eintrag in die Verleihtabelle,                             */
/*  wenn alle Bedingungen erfüllt sind                            */

insert into  verleih
select       '$1', '$2', today + leihfrist
from         buecher
where        buch_nr = '$2'
and          leihfrist > 0     /* Buch ist ausleihbar             */
and          not exists        /* Leser ist nicht gesperrt        */
             (  select     *
                from       strafen
                where      leser_nr = '$1'
                and        sperre is not null
             )
and          (  not exists  /* Niemand hat ältere Rechte          */
                (          select     *
                           from       vormerk
                           where      buch_nr = '$2'
                )
                or '$1' in
                (          select     leser_nr
                           from       vormerk
                           where      buch_nr = '$2'
                           and        vormerkdatum in
                              (       select  min(vormerkdatum)
                                      from  vormerk
                                      where  buch_nr = '$2'
                              )
                )
             )
;
```

```
/*  2. Ausleihzahl für das Buch erhöhen                     */
/*  Die exists Subquery muß in den folgenden Befehlen stets  */
/*  wiederholt werden, um die Korrektheit der Ausleihe       */
/*  zu prüfen.                                                */

update      buecher
set         ausleihzahl = ausleihzahl + 1
where       buch_nr = '$2'
and         exists
            (  select       *
               from         verleih
               where        leser_nr = '$1'
               and          buch_nr = '$2'
            )
;


/*  3. Ausleihzahl für den Leser erhöhen                     */

update      leser
set         ausleihzahl = ausleihzahl + 1
where       leser_nr = '$1'
and         exists
            (  select       *
               from         verleih
               where        leser_nr = '$1'
               and          buch_nr = '$2'
            )
;


/*  Löschen bei eigener Vormerkung                           */

delete
from        vormerk
where       exists
            (  select       *
               from         verleih
               where        leser_nr = '$1'
               and          buch_nr = '$2'
            )
and         leser_nr = '$1'
and         buch_nr = '$2'
;


commit work;
```

Dieses SQL-Programm funktioniert zwar und trägt in jedem Fall alle Daten korrekt ein, es hat aber einen gravierenden Nachteil. (Einige der zuvor dargestellten Programme hatten diesen Mangel ebenfalls.) Derjenige, der es aufruft, weiß nach Ablauf des Programm nicht, was geschehen ist, da das Programm nicht eine einzige Zeile über seine Tätigkeit mitteilt. Der Mitarbeiter am Schalter weiß also nach Aufruf des Programms gar nicht, ob er dem Leser das Buch in die Hand drücken darf, oder ob er bedauernd den Kopf schütteln muß. Wir werden im folgenden Beispiel zeigen, wie man mit reinem SQL zu einer akzeptablen Lösung kommen kann und im nächsten Kapitel das gleiche Problem noch einmal im Zusammenspiel mit einer prozeduralen Programmiersprache angehen.

Um den Ablauf eines SQL-Programms übersichtlich zu gestalten, spricht nichts gegen die Verwendung einer zusätzlichen Tabelle, die ausschließlich zur Steuerung dieses Programms bestimmt ist. Für unseren Ausleihvorgang wollen wir eine Tabelle **ausleihe** anlegen, die zur Erfassung der Ausleihbedingungen und zur Ausgabe von Meldungen eingesetzt werden kann. Diese Tabelle hat im Grundzustand, also bevor das Programm startet, folgenden Inhalt:

ausleihe		
code	flag	text
1	0	Leser ist gesperrt.
2	0	Buch ist nicht ausleihbar.
3	0	Buch ist von anderem vorgemerkt.
4	0	Ausleihe ok.
5	0	Leser holt vorgemerktes Buch ab.

Wir können nun mit dem Ausleihprogramm der Reihe nach die einzelnen Ausleihbedingungen untersuchen und uns das Ergebnis in der Tabelle ausleihe merken, indem wir die Spalte flag in der entsprechenden Zeile auf den Wert 1 setzen, wenn die im text genannte Bedingung erfüllt ist. Auch in dieser Version ist es letztlich unumgänglich, alle Aktionen an die vierte Zeile der Tabelle ausleihe zu knüpfen, da hier festgehalten ist, ob eine Ausleihe stattfinden kann oder nicht.

```
/*  Ausleihprogramm in strukturierter Form                 */
/*  und mit Ausgabe von Meldungen.                         */


/*  Prüfung, ob der Leser gesperrt ist.                    */

update     ausleihe
set        flag = 1
where      code = 1
and        exists
           (  select     *
              from       strafen
              where      leser_nr = '$1'
              and        sperre is not null
           )
;
```

```
/*  Prüfung, ob das Buch nicht ausleihbar ist.                    */

update      ausleihe
set         flag = 1
where       code = 2
and         0 =
            (   select      leihfrist
                from        buecher
                where       buch_nr = '$2'
            )
;


/*  Prüfung, ob das Buch von jemand anderem zu einem             */
/*  früheren Zeitpunkt vorgemerkt wurde.                         */

update      ausleihe
set         flag = 1
where       code = 3
and         exists
            (   select      *
                from        vormerk
                where       buch_nr = '$2'
            )
and         '$1' not in
            (   select      leser_nr
                from        vormerk
                where       buch_nr = '$2'
                and         vormerkdatum in
                            (   select      min(vormerkdatum)
                                from        vormerk
                                where       buch_nr = '$2'
                            )
            )
;
```

```
/*  Buch kann ausgeliehen werden, wenn in den ersten drei      */
/*  Zeilen von ausleihe in der Spalte flag nur Nullen stehen.   */

update      ausleihe
set         flag = 1
where       code = 4
and         not exists
            (  select      *
               from        ausleihe
               where       code <= 3
               and         flag > 0
            )
;


/*  Festellen, ob der Leser selbst das Buch vorgemerkt hatte. */

update      ausleihe
set         flag = 1
where       code = 5
and         1 =
            (  select      flag
               from        ausleihe
               where       code = 4
            )
and         exists
            (  select      *
               from        vormerk
               where       leser_nr = '$1'
               and         buch_nr = '$2'
            )
;
```

/* Alle relevanten Daten sind nun bekannt. Die notwendigen
Einträge können nun an die 4. Zeile der Tabelle **ausleihe** geknüpft werden. Dort muß in der Spalte **flag** der Wert 1 stehen.
Auch hier müssen alle folgenden Befehle mit einer Subquery an
diese Bedingung geknüpft werden.   */

/* Eintrag in die Verleihtabelle   */

```
insert into   verleih
select        '$1', '$2', today + leihfrist
from          buecher
where         buch_nr = '$2'
and           1 =
              (  select     flag
                 from       ausleihe
                 where      code = 4
              )
;
```


/* Leserstatistik aktualisieren   */

```
update        leser
set           ausleihzahl = ausleihzahl + 1
where         leser_nr = '$1'
and           1 =
              (  select     flag
                 from       ausleihe
                 where      code = 4
              )
;
```


/* Bücherstatistik aktualisieren   */

```
update        buecher
set           ausleihzahl = ausleihzahl + 1
where         buch_nr = '$2'
and           1 =
              (  select     flag
                 from       ausleihe
                 where      code = 4
              )
;
```

```
/* Löschen der Vormerkung, wenn der Leser ein von ihm reservier-
tes Buch abholt.                                                   */

delete
from        vormerk
where       1 =
            (   select      flag
                from        ausleihe
                where       code = 5
            )
and         leser_nr = '$1'
and         buch_nr = '$2'
;
```

```
/* Ausleihvorgang bearbeitet: Transaktion abschließen.             */

commit work;
```

```
/* Meldungen ausgeben.                                             */

select      text
from        ausleihe
where       flag = 1;
```

```
/* Tabelle ausleihe wieder in den Grundzustand bringen.            */

update      ausleihe
set         flag = 0;
```

```
commit work;
```

6.6.4 Rückgabe eines Buches

Im Vergleich zur Ausleihe ist die Rückgabe eines Buches eine harmlose
Angelegenheit. Zwingend notwendig ist nur das Löschen des Eintrags in
der Verleihtabelle. Zusätzlich wollen wir jedoch noch eine Meldung ausgeben, wenn das Buch vorgemerkt ist, damit es z.B. sofort beiseite gelegt

werden kann und nicht wieder im großen Dschungel der Regale verschwindet.

```
/*  Rückgabe eines Buches                                    */


/*  Löschen aus der Verleihtabelle                           */

delete
from        verleih
where       leser_nr = '$1'
and         buch_nr = '$2'
;


/*  Meldung bei Vormerkung ausgeben                          */

select      'Buch ist vorgemerkt.'
from        dummy
where       '$2' in
            (   select        buch_nr
                from          vormerk
            )
;
```

Zusammenfassung

- Unter einer **Transaktion** versteht man die Überführung einer konsistenten Datenbank in einen neuen konsistenten Zustand.

- Zur Steuerung von Transaktionen stellt SQL die Befehle COMMIT WORK und ROLLBACK WORK bereit.

- Zur Anwendung der eigentlichen DML-Befehle DELETE, INSERT, UPDATE ist das Erlernen neuer Sprachmittel nicht erforderlich. Die Schwierigkeiten im Umgang mit diesen Befehlen ergeben sich häufig aus der Tatsache, daß ein mächtiges Konstrukt, der Join, nicht eingesetzt werden kann. Zur Lösung eines Problems muß dann häufig auf Correlated Subqueries zurückgegriffen werden.

■ SQL-Interpreter verarbeiten in der Regel sowohl interaktive Eingaben als auch Befehlsfolgen, die in Form von Dateien vorliegen. Letztere nennt man **SQL-Programm** oder **SQL-Script**. Kann der Interpreter darüber hinaus Aufrufparameter zu den SQL-Programmen bearbeiten, so können ohne weitere Hilfsmittel bereits sehr mächtige und flexible Anwendungen erstellt werden.

Übungen

6.1 Im Text wurde die Vormerkung eines Buches so programmiert, daß alle Einträge nach den geforderten Bedingungen korrekt erfolgten. Es wurden jedoch keine Meldungen über eine (nicht) erfolgreiche Vormerkung ausgegeben. Erstellen Sie eine Variante zur Vormerkung eines Buches, die entsprechende Rückmeldungen ausgibt.

6.2 Sie stellen mit Entsetzen fest, daß offensichtlich durch ein Mißgeschick nicht ausleihbare Bücher verliehen worden sind. Machen Sie aus der Not eine Tugend und ändern Sie die Leihfrist von verliehenen, nicht ausleihbaren Büchern auf 30 Tage.

6.3 Für einen Kunden werden verschiedene Teile gefertigt und bei Bedarf ausgeliefert. Dazu werden zwei Tabellen vorrat und bestellung geführt. Vor der Auslieferung einer Bestellung ist der Zustand z.B.:

vorrat	
teil	anzahl
a	10
b	9
c	0
d	15

bestellung	
teil	anzahl
a	15
c	5
d	10

Da nur vorrätige Teile ausgeliefert werden können, ist der Zustand nach der Lieferung folglich:

vorrat	
teil	anzahl
a	0
b	9
c	0
d	5

bestellung	
teil	anzahl
a	5
c	5
d	0

Selbstverständlich sollten bestellte Artikel mit der Anzahl 0 aus der Bestelltabelle verschwinden.

- Erstellen Sie ein SQL-Programm, das die notwendigen Umbuchungen bei täglicher Bestellung und Auslieferung vornimmt.

■ Ermitteln Sie die Teile, die nachgefertigt werden müssen, mit der entsprechenden Anzahl.

6.4 Durch einen fehlenden UNIQUE INDEX für den Schlüssel einer Tabelle konnte es geschehen, daß eine Tabelle einen Datensatz doppelt enthält. Es gibt keine Möglichkeit, mit einem DELETE-Befehl eine von zwei identischen Zeilen zu löschen. Wie werden Sie den doppelten Satz los?

6.5 In einem Durchgangslager werden eingehende Teile zur eindeutigen Kennzeichnung numeriert. Da sehr viele Teile ein- und abgehen, soll die Numerierung nicht stets fortlaufen, sondern die durch abgehende Teile freiwerdenden Nummern sollen neu vergeben werden. Erstellen Sie einen INSERT-Befehl, der aus einer Liste von positiven, ganzen Zahlen die kleinste, freie Zahl in die Liste einfügt. (Nehmen Sie an, daß als Platzhalter ein Teil mit der Nummer 0 stets in der Liste vorhanden ist.)

7 Embedded SQL

Im 3. Kapitel haben wir erwähnt, daß SQL nicht zu den Sprachen gehört, in denen jeder denkbare Algorithmus formuliert werden kann. In den folgenden Kapiteln haben wir aber jedes im Zusammenhang mit unserer Beispieldatenbank aufgetretene Problem mit reinem SQL lösen können. Das liegt nicht etwa an dem besonders raffiniert ausgewählten Beispiel, denn sehr viele Einsatzgebiete von relationalen Datenbanken aus Wirtschaft und Verwaltung, z.B. Reisebüros, Immobiliengeschäfte, Bankgeschäfte, Auftrags- und Lagerverwaltung u.s.w. führen auf ganz ähnliche Datenbankstrukturen wie unser Bibliotheksgeschäft, auch wenn in der Praxis die Anzahl der Relationen größer und deren Beziehungen untereinander wesentlich komplexer sind. Die Tatsache, daß wir bislang ohne weitere Hilfsmittel ausgekommen sind, zeigt einfach, wie gut SQL auf die Abfrage und Manipulation von relationalen Datenbanken zugeschnitten ist. Wir wollen jedoch nicht ungeklärt lassen, welche Probleme mit SQL allein nicht zu bewältigen sind und uns fragen, was diese Sprache denn letztlich von den universellen Sprachen der 3. und 5. Generation unterscheidet.

Was SQL nicht kann

Aus der theoretischen Informatik ist bekannt, daß außer sequentiellen Anweisungen, also Befehlen, die in der Reihenfolge ihres Auftretens nacheinander ausgeführt werden, zwei Kontrollstrukturen genügen, um jeden erdenklichen Algorithmus zu formulieren. Bei diesen Strukturen handelt es sich um eine Verzweigung (if), also um eine Anweisung, die bestimmte Befehle als nächste auszuführende auswählt, und um eine Schleife (while), die eine Gruppe von Befehlen wiederholt ausführt. Alle anderen Anweisungen, denen man üblicherweise begegnet (case, switch, for, repeat, until, do ...) dienen der bequemeren und lesbareren Formulierung und sind auf if- oder while-Anweisungen reduzierbar. Wir wollen an dieser Stelle auf ein beliebtes Beispiel zurückgreifen, nämlich die Berechnung der Fakultät. Die Fakultät einer Zahl N (geschrieben als N!) ist definiert als das Produkt aller Zahlen von 1 bis N. Also ist z.B. $5! = 5 \cdot 4 \cdot 3 \cdot 2 = 120$. Das einfachste Programm zur Berechnung der Fakultät benutzt eine Schleife und berechnet den Wert iterativ. (Wir vernachlässigen im folgenden den Sonderfall 0!.)

```
fakultaet( int N )
{
        int i,  N_fak;

        i = N;
        N_fak = 1;

        while( i > 0 )
        {
                N_fak = N_fak * i;
                i = i - 1;
        }

        return( N_fak );
}
```

Ein Grund für die Beliebtheit dieses Beispiels ist die Möglichkeit, auf einfache Weise den gleichwertigen, rekursiven Ansatz der iterativen Lösung gegenüberzustellen, folgt doch aus der Definition der Fakultät sofort die Möglichkeit, die Berechnung von N! auf den nächstmöglichen einfacheren Fall der Berechnung von (N-1)! zurückzuführen, denn N! = N * (N-1)!.

```
fakultaet( int N )
{
        int  N_fak;

        if( N > 0 )
                N_fak = N * fakultaet( N - 1 );
        else
                N_fak = 1;

        return( N_fak );
}
```

Jeder Programmierer weiß um die Gleichwertigkeit der beiden Lösungen, und in der Tat sind Iteration und Rekursion zwei Seiten derselben Münze. Die iterative Lösung eines Problems benötigt stets eine Schleife, in der die Iteration abläuft. Die rekursive Lösung benötigt eine Verzweigung, um an der richtigen Stelle die Rekursion abzubrechen. Zwar besitzt SQL weder Verzweigungen noch Schleifen, doch ist dies noch kein ausreichender Grund, warum die Berechnung der Fakultät mit SQL nicht funktioniert.

Machen wir einen ganz kurzen Abstecher in die Welt der Sprachen der
5. Generation und betrachten die SQL verwandte Sprache **Prolog**, die eine
vollständige Programmiersprache ist, obwohl auch sie keine Kontrollstrukturen besitzt. Die Berechnung der Fakultät in Prolog lautet

```
fakultaet( 1, 1).
fakultaet( N, N_fak )     :-      P = N - 1,
                                  N_fak = N * P_fak,
                                  fakultaet( P, P_fak ).
```

Die erste Zeile bedeutet soviel wie, die Fakultät von 1 ist 1. So etwas wird
in Prolog ein Faktum genannt. Der Rest des Programms formuliert eine Regel, die besagt:

```
die Fakultät von     N ist N_fak genau dann, wenn
                     P = N - 1 ist und
                     N_fak = N mal P_fak ist und
                     P_fak die Fakultät von P ist.
```

Diese Regel ist nichts anderes als die in Prolog geschriebene Tatsache, daß
$N! = N * (N-1)!$ ist, also die rekursive Definition der Fakultät. Das Zusammenspiel aus Faktum und Regel bewirkt in Prolog, daß die Rekursion nicht
ins Unendliche läuft, denn sind wir mit der Rekursion einmal bei der Berechnung von 1! angelangt, so tritt die bedingungslos wahre Tatsache $1! = 1$
in Erscheinung und die Ausführung der rekursiven Regel erübrigt sich.

Wir sind nun bei der Entwicklung unseres Bibliotheksprogramms mehrfach
auf verzweigungsähnliche SQL-Anweisungen gestoßen, und tatsächlich
scheitert die Berechnung der Fakultät nicht am Fehlen einer if-Anweisung.
Nehmen wir zur Verdeutlichung nochmal ein einfaches Beispiel, das abhängig von der Größe einer Zahl zwei verschiedene Meldungen ausgibt.

```
read( temperatur );

if( temperatur <= 0 )
        print( "Vorsicht Glatteis!" );
else
        print( "Freie Fahrt." );
```

Es sollte uns keine Mühe bereiten, dieses kleine Programm in SQL zu formulieren.

```
select      "Vorsicht Glatteis!"
from        temperaturtabelle
where       temperatur <= 0;

select      "Freie Fahrt."
from        temperaturtabelle
where       temperatur > 0;
```

Natürlich benötigen wir für ein if... else... zwei unabhängige SQL-Befehle, deutlich wird daran aber, daß Bedingungen, die bei gewöhnlichen Programmiersprachen in Verzweigungen stecken, in entsprechende Bedingungen als Bestandteil der WHERE-Klausel umgeformt werden können. Es ist daher der Umstand, daß SQL weder eine Schleife, noch eine rekursive Konstruktion zuläßt, der letztlich zur "Untauglichkeit" als universelle Programmiersprache führt. Das Fehlen einer if-Anweisung kann SQL kompensieren. Möchten wir also in eine Tabelle fakultaet

fakultaet	
N	N_fak
5	

den fehlenden Wert für N_fak berechnen, so wird uns das nicht gelingen. Würden wir SQL aber um eine Schleifenkonstruktion (oder Rekursion) erweitern, so müßte es möglich sein. Bevor wir das ausprobieren können, müssen wir uns nochmal klarmachen, daß SQL auch keine Variablen kennt und wir alle zum Programmablauf notwendigen Informationen in Tabellen speichern müssen. Erweitern wir die Tabelle fakultaet um einen Zähler P, den wir zum Abbruch der Schleife einsetzen, und initialisieren wir den Wert für N_fak, dann haben wir alle notwendigen Zutaten zusammen.

fakultaet		
N	P	N_fak
5	5	1

(Vorsicht! Nehmen Sie die folgende Konstruktion nicht zu ernst. Sie ist ausschließlich ein Phantasiegeschöpf der Autoren und in den Augen des ANSI-Komitees sicherlich eine tolldreiste, prozedurale Verunstaltung der Sprache.)

```
while 0 <    (  select    P
                from      fakultaet
             )
{
             update    fakultaet
             set       N_fak = N_fak * P;

             update    fakultaet
             set       P = P - 1;
}
```

Nach Ablauf dieses Befehl wäre die Tabelle dann im Zustand

fakultaet		
N	P	N_fak
5	0	120

mit dem korrekten Wert 120 für das Feld **N_fak**.

Das Beispiel der Fakultät ist typisch für alle Berechnungen, die nicht in einem Schritt ausgeführt werden können, sondern nur iterativ oder rekursiv lösbar sind. Insbesondere ist dabei die Anzahl der Schritte nicht im voraus bekannt, da sie von den Anfangsdaten selbst abhängt. **Probleme dieser Art können mit SQL nicht gelöst werden.**

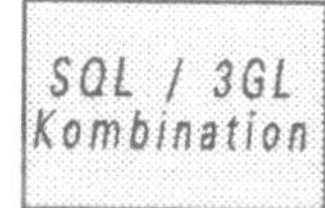

Natürlich waren den Entwicklern von SQL und den Mitarbeitern des ANSI-Komitees alle die bisher genannten Tatsachen wohlbekannt und man hat sich von Anfang an für ein anderes Konzept entschieden. Anstatt SQL um gewagte prozedurale Elemente zu erweitern, wurde eine Schnittstelle zu bekannten Sprachen vorgesehen. Im ANSI-Standard werden Schnittstellen zu Cobol, Fortran, Pascal und PL/1 genannt, im Zeitalter von Unix, C und objektorientierter Programmierung sind Schnittstellen zu C oder C++ inzwischen jedoch wohl von größerer Bedeutung als zu einigen der genannten, "reiferen" Sprachen. Im Grunde ist es auch überflüssig, sich auf bestimmte Sprachen festzulegen, da der Mechanismus, wenigstens bei prozeduralen Sprachen, stets der gleiche ist. Es ist ein Verfahren entwickelt worden, wie SQL-Anweisungen in diese Sprachen eingebettet (embedded) werden können und ein Informationsaustausch zwischen den Variablen der Programmiersprache (allgemein Hostvariablen genannt) und den SQL-Anweisungen hergestellt werden kann.

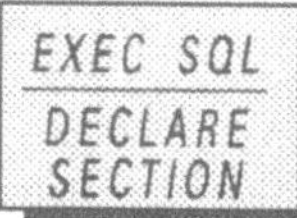

Der grundsätzliche Arbeitsgang ist folgender: man erstellt ein Programm in der Sprache seiner Wahl mit eingebetteten SQL-Befehlen. Jeder SQL-Befehl wird im Programm durch die Zeichen **EXEC SQL** eingeleitet. (Manche DB-Systeme verwenden eine andere Kennzeichnung.) Die Hostvariablen, die auch in SQL-Befehlen eingesetzt werden sollen, werden in einer speziellen **DECLARE SECTION** vereinbart. Ein vom Datenbankhersteller gelieferter **Precompiler** wandelt den Quelltext mit SQL-Befehlen in einen Quelltext um, der den syntaktischen Anforderungen der Programmiersprache genügt. Der Precompiler wandelt dazu die SQL-Befehle in gewöhnliche Funktionsaufrufe um. Danach wird das Programm wie gewohnt übersetzt und anschließend mit einer vom Datenbankhersteller mitgelieferten **Bibliothek** (Library) zusammengebunden (Link), die die Funktionen enthält, deren Aufruf der Precompiler aus den SQL-Befehlen erzeugt hat.

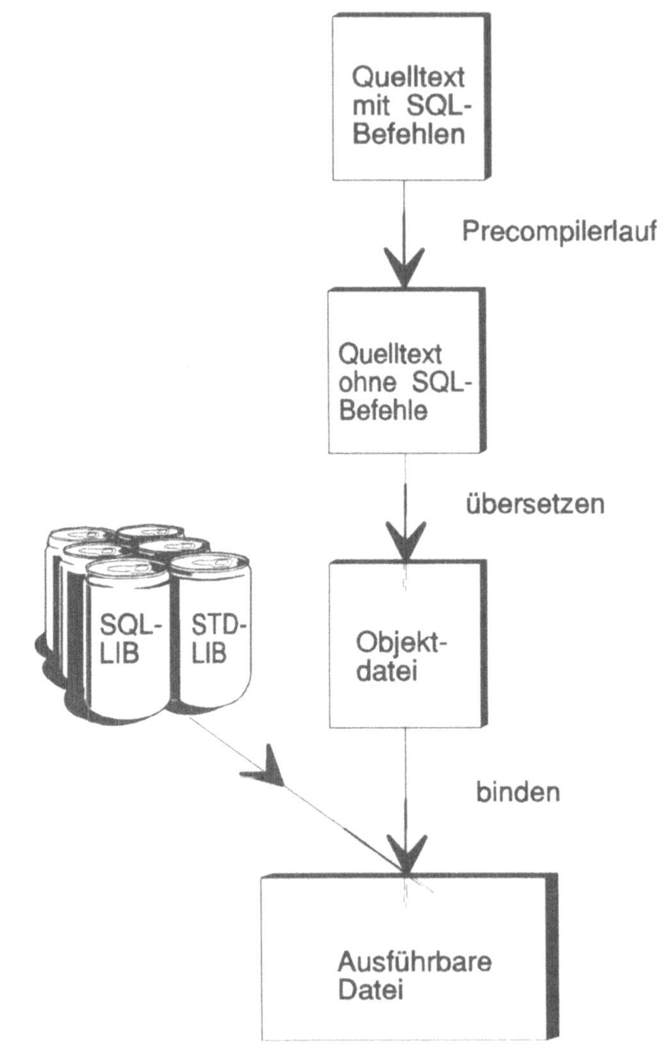

Bild 7.1:   Übersetzen einer Embedded-SQL Anwendung

Wir wollen uns nun an einem Beispiel ansehen, wie das in der Praxis aussieht. Dazu benutzen wir wieder unsere C-ähnliche Pseudosprache, zur kürzeren Kommentierung der Programme nennen wir sie im Folgenden einfach C, und bemühen erneut das Beispiel der Fakultät. (Beachten Sie in diesem einfachen Beispiel wieder die Tatsache, daß die Tabelle fakultaet zunächst nur eine Zeile mit N=5 enthält.)

```
#include <sqlca>

main()
{

EXEC SQL BEGIN DECLARE SECTION

/* Diese Variablen sind sowohl in C wie SQL-Befehlen einsetztbar */

    int N, N_fak;

EXEC SQL END DECLARE SECTION

        EXEC SQL
            select  N     /* dies ist N aus der Tabelle */
            into    :N    /* dies ist die C-Variable N */
            from    fakultaet;

        N_fak = fakultaet( N );   /* Funktion wie oben definiert */

        EXEC SQL
            update  fakultaet
            set     N_fak = :N_fak;

    /* N_fak ist das Feld der Tabelle;
    :N_fak bezeichnet hier die C-Variable N_fak. */


    /* Auch an folgende Dinge muß man denken! */

        EXEC SQL
            commit work;
}
```

An diesem einfachen Beispiel werden bereits einige wichtige Dinge deutlich. Alle Variablen, die in der Programmiersprache wie gewöhnliche Variablen und in SQL-Befehlen benutzt werden sollen, müssen zwischen EXEC

SQL BEGIN... und ...END DECLARE SECTION stehen. Darüber hinaus können aber außerhalb dieses Abschnitts beliebige weitere Variablen definiert werden, die dann jedoch in SQL-Befehlen nicht eingesetzt werden dürfen. (Im Beispiel haben wir keine weiteren benötigt.) Jeder SQL-Befehl beginnt mit EXEC SQL und endet mit dem nächsten Semikolon, d.h., es können keine Blöcke von SQL-Befehlen gebildet werden. In SQL-Befehlen bezeichnen alle Namen, die nicht mit einem Doppelpunkt beginnen, Objekte der Datenbank, insbesondere Spaltennamen, während den Variablen der Programmiersprache, den Hostvariablen, ein Doppelpunkt vorangestellt werden muß. Es ist nicht erforderlich, den Hostvariablen den gleichen Namen zu geben wie den entsprechenden Spalten der Tabellen, es ist der besseren Lesbarkeit wegen jedoch sehr zweckmäßig. Eine Verwechselungsgefahr besteht nicht, da SQL-Namen grundsätzlich nicht mit einem Doppelpunkt beginnen dürfen. Die am Anfang des Programms eingebundene Include-Datei (SQLCA = SQL Communication Area) definiert eine Datenstruktur, durch die Rückmeldungen über Fehler und Return Codes der SQL-Anweisungen an das Programm zurückgegeben werden können. Da hier jedoch nur ein Überblick über Embedded SQL gegeben werden soll, wollen wir auf eine genauere Betrachtung dieser Struktur verzichten.

Versuchen wir uns nun an einem etwas anspruchsvolleren Beispiel, in dem wir eine ganze Tabelle von Fakultäten einiger Zahlen berechnen wollen. Dabei wollen wir zunächst annehmen, daß die Werte der Fakultäten von eins bis zu einer größten Zahl N berechnet werden sollen. Die Ausgangstabelle hat dann folgende Form

fakultaet	
N	N_fak
1	
2	
3	
...	
N	

Zur Lösung selektieren wir die größte Zahl N aus der Tabelle, berechnen anschließend in einer Schleife alle Fakultäten von eins bis N und tragen jeweils den berechneten Wert in die richtige Zeile ein.

```
#include <sqlca>

main()
{
        EXEC SQL BEGIN DECLARE SECTION

                int N, N_fak, N_max;

        EXEC SQL END DECLARE SECTION

        EXEC SQL
                select  max(N)
                into    :N_max
                from    fakultaet;
```

```
for( N = 1; N <= N_max; N = N + 1 )
{
        N_fak = fakultaet( N );

        EXEC SQL
            update  fakultaet
            set     N_fak = :N_fak
            where   N = :N;
}
}
```

Dieses Programm funktioniert zwar auch dann, wenn die Werte für N nicht mehr lückenlos vorhanden sind, wir würden in diesem Fall Fakultäten für nicht in der Tabelle vorhandene Werte N berechnen und den nächsten UP-DATE-Befehl ins Leere schicken. Über die SQLCA könnten wir zwar ermitteln, für welche Werte N wir einen Wert in der Tabelle eintragen konnten und für welche nicht, dennoch sollte es von vornherein möglich sein, nur die tatsächlich benötigten Werte für die Fakultät zu berechnen und einzusetzen. Wir treffen hier allerdings auf einen Konflikt zwischen gewöhnlichen, prozeduralen Sprachen und der mengenorientierten Arbeitsweise von SQL. Der Befehl

```
EXEC SQL
    select  *
    from    fakultaet;
```

liefert in keiner Weise das vielleicht erwartete Ergebnis. Da die gesamte Kontrolle, also auch die Kontrolle über Ein- und Ausgabe bei der Programmiersprache liegt, wird folglich zunächst überhaupt nichts ausgegeben. Nur Variablen der Programmiersprache können mit den entsprechenden Ein- und Ausgabebefehlen gelesen bzw. ausgegeben werden. Der Konflikt wird offensichtlich, wenn wir schreiben

```
EXEC SQL
    select  *
    into    :N, :N_fak
    from    fakultaet;

print( N, N_fak );
```

Der SELECT Befehl liefert eigentlich in einem Rutsch die gesamte Tabelle fakultaet, während die Hostvariablen N und N_fak nur je einen Wert zur gleichen Zeit aufnehmen können. Um den Konflikt zu lösen, muß SQL zurückstecken und pro SELECT- Anweisung nur eine Zeile der Tabelle zurückgeben. Was geschieht nun beim nächsten SELECT? Wird die gleiche Zeile noch einmal geliefert, oder die nächste, oder irgendeine? Um Ordnung in diese Geschichte zu bekommen, wurden sogenannte CURSOR eingeführt, die zunächst definiert werden müssen und dann satzweise bewegt werden können, wobei auf den Inhalt des jeweils aktuellen Satzes zugegriffen werden kann. Um unsere gesamte Tabelle fakultaet auszugeben, müssen wir folgendes Programm erstellen:

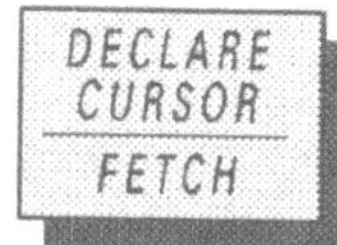


```
#include <sqlca>

main()
{

    int i;

    EXEC SQL BEGIN DECLARE SECTION

        int fak_anz, N, N_fak;

    EXEC SQL END DECLARE SECTION

/*  Hier wird der Cursor mit dem zugehörigen SELECT Befehl definiert.   */

    EXEC SQL DECLARE fak_cur CURSOR FOR
        select  *
        from    fakultaet;

/* Wieviele Zeilen enthält die Tabelle?                                  */

    EXEC SQL
        select  count(*)
        into    :fak_anz
        from    fakultaet;
```

```
/*   Ein Cursor muß vor Gebrauch geöffnet werden              */

     EXEC SQL OPEN fak_cur;


/*   FETCH Cursor liefert Zeile für Zeile der Tabelle         */


     for( i = 1; i <= fak_anz; i = i + 1 )
     {
         EXEC SQL
                 fetch     fak_cur
                 into      :N, :N_fak;

         print( N, N_fak );
     }

/*   Es ist wie beim Umgang mit normalen Dateien.             */

     EXEC SQL CLOSE fak_cur;


}
```

Die Ermittlung der Anzahl Zeilen in der Tabelle dient zur Steuerung der for
Schleife, damit der FETCH-Befehl nicht ins Leere stößt. Selbstverständlich
ist wie bei gewöhnlicher Dateiverarbeitung auch anders erkennbar, ob das
Ende der Tabelle erreicht wurde. Dies geschieht über die SQLCA. Im Vergleich zur interaktiven Abfrage erscheint dieses Programm nicht sonderlich
attraktiv, und zugegebenermaßen liegen auch hier nicht die Stärken einer
Embedded-SQL-Anwendung. Wir wollten jedoch einmal den Mechanismus
demonstrieren, der eine Verbindung der satzorientierten, prozeduralen
Sprachen mit der Arbeitsweise von SQL herstellt. Abschließend sei dazu
noch die Lösung angegeben, die eine Berechnung der Fakultät nur für die
Werte N ausführt, die tatsächlich in der Tabelle vorhanden sind.

```c
#include <sqlca>

main()
{
        int i;

        EXEC SQL BEGIN DECLARE SECTION

           int fak_anz, N, N_fak;

        EXEC SQL END DECLARE SECTION


        EXEC SQL DECLARE fak_cur CURSOR FOR
              select  N
              from    fakultaet;


        EXEC SQL
              select  count(*)
              into    :fak_anz
              from    fakultaet;


        EXEC SQL OPEN fak_cur;


        for( i = 1; i <= fak_anz; i = i + 1 )
        {
                /*  N lesen                           */

                EXEC SQL
                     fetch   fak_cur
                     into    :N;

                /*  Fakultät berechnen                */

                N_fak = fakultaet( N );
```

```
        /*  Berechneten Wert eintragen                    */

        EXEC SQL
            update   fakultaet
            set      N_fak = :N_fak
            where    N = :N;
    }


        EXEC SQL CLOSE fak_cur;

        EXEC SQL commit work;


    }
```

Ein besonderer Leckerbissen für fortgeschrittene Programmierer liegt in der Möglichkeit, SQL-Befehle mit den Mitteln der Programmiersprache dynamisch aufzubauen und auszuführen. Die Möglichkeiten, die sich dadurch eröffnen, würden ein ganzes Buch füllen und können daher nicht Gegenstand dieser Einführung sein. Wer jedoch Bedarf an mächtigen und sehr flexiblen Programmen hat, der wird die höhere Komplexität gern in Kauf nehmen und sich den Möglichkeiten von dynamischem SQL zuwenden. Wenn Sie in allen vorangegangenen Kapiteln z.B. die Tatsache gestört hat, daß in der FROM-Klausel einer Abfrage die Tabellen stets als Konstanten zu erscheinen haben, finden Sie hier eine Möglichkeit zur Lösung Ihrer Probleme.

Die größten Vorteile beim Einsatz von Embedded SQL ergeben sich bei der Transaktionsprogrammierung. Hier kann sich der Programmierer nach seinen Bedürfnissen gewissermaßen die Rosinen aus den entsprechenden Sprachen heraussuchen. Einerseits kann er viele Dinge, die in gewöhnlichen Sprachen aufwendig zu programmieren sind, mit SQL ausführen. Dies betrifft insbesondere die Dateiverwaltung und komplexe SQL-Befehle, die z.B. ein GROUP BY enthalten. Andererseits kann er die Schwächen von SQL durch die Möglichkeiten der Programmiersprache ausgleichen, wie z.B. das Festhalten von Zwischenergebnissen in Variablen und die Möglichkeiten zur Plazierung von SQL-Befehlen in Schleifen oder Verzweigungen. Bei der Programmierung des Ausleihverfahrens in unserer Bibliothek ist besonders unangenehm aufgefallen, daß alle Aktionen eine Subquery benötigen, die stets aufs neue feststellt, ob die durchzuführende Aktion auch tatsächlich ausgeführt werden soll, weil alle Ausleihbedingungen erfüllt sind. Die Kunstgriffe zur Ausgabe, die mit dem Einsatz der Tabelle **ausleihe** gemacht wurden, erübrigen sich ebenso, da jegliche Kommunikation mit dem Anwender über die Programmiersprache ausgeführt werden kann (muß!). Hier ist also noch eine Version des Ausleihvorgangs mit Embedded SQL.

```
/*  Ausleihe mit EMBEDDED SQL                              */

#include <sqlca>

main( )
{
    EXEC SQL BEGIN DECLARE SECTION

        char buch[5], leser[5];
        int leihfrist, vorgemerkt, gesperrt;
        int vormerk_test, abholen;

    EXEC SQL END DECLARE SECTION

    int ausleihbar;


/*  Einlesen von Lesernr. und Buchnr.                      */
/*  (Am besten mit einem Strichcodeleser.)                 */

    read( leser );
    read( buch );

/*  Ist das Buch ausleihbar?                               */

    EXEC SQL
        select      leihfrist
        into        :leihfrist
        from        buecher
        where       buch_nr = :buch;

    ausleihbar = leihfrist > 0;
```

```c
/*  Ist der Leser gesperrt?                                      */

    EXEC SQL
        select      count(*)
        into        :gesperrt
        from        strafen
        where       leser_nr = :leser
        and         sperre is not null;

/*  Ist das Buch (von wem auch immer) vorgemerkt?               */

    EXEC SQL
        select      count(*)
        into        :vormerk_test
        from        vormerk
        where       buch_nr = :buch;

/*  Wenn ja, stelle fest, ob der Leser selbst die ältesten Rechte hat. */

if ( vormerk_test > 0 )
{
    EXEC SQL
        select      count(*)
        into        :abholen
        from        vormerk
        where       buch_nr = :buch
        and         leser_nr = :leser
        and         vormerkdatum =
                    ( select    min(vormerkdatum)
                      from      vormerk
                      where     buch_nr = :buch
                    )
        ;

/*  Wenn nein, dann ist das Buch reserviert.                    */

    vorgemerkt = abholen == 0;
}
```

```
/*  Ausleihe kann erfolgen, wenn folgende Bedingungen erfüllt
sind:                                                          */

if ( ausleihbar and not gesperrt and not vorgemerkt )
{

    print( "Ausleihe in Ordnung: wird bearbeitet..." );

/*  Eintrag in Verleihtabelle.                                 */

    EXEC SQL
        insert into verleih
        values(:leser, :buch, today + :leihfrist);

/*  Bücherstatistik aktualisieren.                             */

    EXEC SQL
        update    buecher
        set       ausleihzahl = ausleihzahl + 1
        where     buch_nr = :buch;

/*  Leserstatistik aktualisieren.                              */

    EXEC SQL
        update    leser
        set       ausleihzahl = ausleihzahl + 1
        where     leser_nr = :leser;

/*  Löschen der Vormerkung, falls der Leser ein für sich reserviertes
Buch abholt.                                                   */

    if ( abholen )
    {
        EXEC SQL
            delete from vormerk
            where   leser_nr = :leser
            and     buch_nr = :buch;

        print( "Leser hat reserviertes Buch abgeholt." );
    }

/*  Nicht vergessen!                                           */

        EXEC SQL commit work;
    }
```

```
else/* Ausleihe nicht möglich                            */
{
    if( not ausleihbar )
        print( "Buch nicht ausleihbar!" );

    if( gesperrt )
        print( "Leser ist gesperrt!" );

    if( vorgemerkt )
        print( "Buch ist von anderem Leser vorgemerkt!" );
}
}
```

Zusammenfassung

■ Probleme, die zur Lösung den Einsatz von iterativen oder rekursiven
   Algorithmen erfordern, sind mit SQL allein nicht lösbar. SQL kann
   jedoch in prozedurale Sprachen eingebettet werden, so daß auch um-
   fangreiche Berechnungen durchgeführt werden können.

■ Auch bei Problemen, die mit SQL allein gelöst werden können, bietet
   der Einsatz von Embedded SQL häufig Vorteile, da durch die Einbettung von SQL-Anweisungen in Verzweigungen oder Schleifen die
   Komplexität der SQL-Befehle in der Regel reduziert werden kann und
   die Programmlogik durchschaubarer wird.

8 Benutzersichten (Views)

Um eine **benutzerspezifische Sicht** auf den Datenbankinhalt zu ermöglichen, existiert in SQL die Möglichkeit, neben den **realen Tabellen** (Basistabellen) sogenannte **virtuelle Tabellen** (Views) zu erstellen. **Sichten oder Views** sind Tabellen, deren Inhalt durch Abfragen aus anderen Tabellen (Basistabellen) extrahiert wird. So kann man beispielsweise aus einer realen Personaltabelle alle Frankfurter in einer eigenen virtuellen Tabelle anlegen. Das Arbeiten mit dieser neuen Tabelle entspricht dann quasi einer dauerhaften Selektion, einem "Filter" auf Frankfurter Datensätze. Eine virtuelle Tabelle zeigt einen bestimmten Teil der Datenbank, ohne ihn nochmals speichern zu müssen, denn dies würde eine unnötige Redundanz und damit unter anderem die Gefahr der Inkonsistenz erhöhen (siehe Kap.2). Views sind zwar keine physischen Tabellen, besitzen aber den gleichen prinzipiellen Aufbau wie die Basistabellen. Auch die Zugriffsmöglichkeiten entsprechen weitgehend denen realer Tabellen, auf Einschränkungen und Besonderheiten werden wir jedoch später zu sprechen kommen. Der SELECT-Befehl zum Beispiel kann für Basistabellen und Views gleichermaßen genutzt werden, in bezug auf die Modifikationsbefehle UPDATE, INSERT und DELETE sind jedoch Grenzen zu beachten.

8.1 Vorteile und Grenzen von Views

Die Nutzung von Views liefert eine Reihe von entscheidenden Vorteilen:

Daten werden benutzerspezifisch, das heißt ganz dem Benutzerwunsch entsprechend aufbereitet. Die physikalische Struktur der dazugehörigen Basistabellen sowie die eventuell notwendigen Selektionen, Projektionen und Relationen bleiben dem Endanwender verborgen; er braucht sich um diese Vorarbeit nicht zu kümmern und kann sich stattdessen direkt auf seine Anfragen etc. konzentrieren.

Durch das konsequente Filterprinzip der Views kann der Datenschutz optimal unterstützt werden. Alle Daten, die für bestimmte Personen unsichtbar sein müssen, werden einfach ausgeblendet.

Views stellen eine nützliche Pufferzone, eine Art Schnittstelle zwischen Basistabellen und Anwenderprogrammen dar. Programme, die sich auf Views beziehen, müssen nicht verändert werden, selbst wenn die realen Tabellen, aus welchen Gründen auch immer, total umorganisiert werden.

Obwohl Views ähnliche Eigenschaften wie reale Tabellen besitzen, benötigen sie kaum Speicherplatz, da ihr hauptsächlicher Inhalt ja aus Verweisen auf Basistabellen etc. besteht. Daraus folgt direkt ein weiterer Vorteil: Views sind immer aktuell. Wurden Basistabellen verändert, sind diese Änderungen selbstverständlich auch in den virtuellen Tabellen durchgeführt worden. Bei redundanten physischen Tabellen wäre das nicht automatisch der Fall.

Es gibt jedoch auch einige Einschränkungen bei der Arbeit mit Views, die an dieser Stelle nicht verschwiegen werden sollen. Beispiele zu diesem Thema sowie eine vollständige Angabe aller Einschränkungen und Besonderheiten folgen auf den nächsten Seiten. Grundsätzlich gilt z.B.:

- Die Definition einer Sicht darf kein ORDER BY enthalten.

- Views, die aus mehreren Basistabellen erzeugt wurden, können nicht aktualisiert, d.h. mit DELETE, INSERT oder UPDATE behandelt werden.

8.2 Erstellen von Views

Der Befehl CREATE VIEW erlaubt die Definition von benutzerspezifischen Sichten auf die Datenbank. Sein allgemeiner Aufbau lautet:

```
CREATE VIEW viewname [(spalten)]
AS select-Anweisung [WITH CHECK OPTION];
```

Ist der Urheber dieses Views nicht der Tabellenbesitzer, so muß dem Viewnamen der Urhebername, durch einen Punkt getrennt, vorangestellt werden.

Für den Viewnamen gelten dieselben Regeln wie für die Basistabellendefinition, also max. 18 Zeichen lang, bestehend aus Buchstaben, Ziffern oder dem Unterstrich. Da Views auch Tabellen sind, achten Sie bitte bei der Namenswahl auf Eindeutigkeit innerhalb der bereits vorhandenen Basistabellen- und Viewnamen.

Die Spalten eines Views stellen im einfachsten Fall ein direktes Abbild der realen Spalten aus der Basistabellendefinition dar. Diese Auswahl läßt sich jedoch nach Belieben einschränken, falls nicht alle Originalfelder genutzt werden sollen oder dürfen. Andererseits kann die Spaltenliste auch neue Spalten aufnehmen, deren Inhalte aus berechneten Werten (siehe arithmetische Fkt. Kap.5) bestehen.

Im SELECT-Teil sind bis auf die Komponente ORDER BY alle besprochenen Formulierungen des SELECT-Kommandos erlaubt.

Der optionale Befehlszusatz WITH CHECK OPTION bewirkt, daß INSERT- bzw. UPDATE-Kommandos nur durchgeführt werden, wenn folgende Bedingung gilt: Ein Datensatz wird nur eingefügt bzw. aktualisiert, wenn dieser neue bzw. veränderte Satz noch im Viewbereich liegt. Droht der Satz durch den aktuellen Viewbefehl aus dem "Sichtbereich" zu entschwinden, so wird dies mit einer Fehlermeldung quittiert, und die Änderung wird nicht durchgeführt.

Jetzt sind aber ein paar Beispiele fällig. Definieren wir eine Sicht auf die nicht ausleihbare Unterhaltungsliteratur:

```
create view u_literat
as select    *
from         buecher
where        gruppe = 'U'
and          not leihfrist = 0;
```

Unsere rollende Bibliothek (ein Zugeständnis an die Dorfjugend von Kleinkleckersdorf) benötigt eine Sicht auf ihre Leser:

```
create view klein_leser
```

```
as select    *
from         leser
where        wohnort = 'Kleinkleckersdorf';
```

Jetzt sollen alle nicht verliehenen Bücher incl. der nicht ausleihbaren Exemplare zwecks Inventur anzeigbar sein:

```
create viewinventur
as select    *
from         buecher
where        buch_nr not in
             (select    buch_nr
              from       verleih
             );
```

8.3 Views zur Datenaktualisierung

Nun können Views nicht nur für reine Abfragen (sogenannte **Readonly-View**, "Nur Lese-View") genutzt werden, unter bestimmten Voraussetzungen können auch Veränderungen vorgenommen werden. Laut ANSI-Standard müssen folgende Bedingungen für Views erfüllt sein, wenn mit ihrer Hilfe Datenveränderungen vorgenommen werden sollen:

■ Die Viewdefinition enthält keine HAVING- oder GROUP BY-Komponente.

■ Im SELECT-Befehl gibt es keine Subqueries.

■ Der SELECT-Befehl bezieht sich nur auf eine Tabelle.

■ Die Viewdefinition enthält keine Felder, deren Ursprung ein arithmetischer Ausdruck ist, d.h. nur reale Felder der Basistabelle sind gestattet.

■ Die Schlüsselworte DISTINCT und UNION dürfen bei der Viewdefinition nicht eingesetzt werden.

Auch zu diesem Thema gibt's in unserer Datenbank einige typische Problemstellungen. Soll zum Beispiel zur Sicht klein_leser ein neuer Leser aus Großkleckersdorf hinzugefügt werden, so könnte dieser anschließend nicht mehr durch die Sicht selektiert werden. Eine solche Problematik läßt sich jedoch durch den Befehlszusatz with check option verhindern. Das gleiche Problem tritt auf, wenn wir mittels update einen Leser aus Kleinkleckersdorf in die Großstadt ziehen lassen. Auch er wäre unserem Blick entschwunden. Unsere inventur ist übrigens nur für Lesezugriffe geeignet, da sie ein subquery enthält.

8.4 Views auf mehrere Tabellen

Ein häufiges Einsatzgebiet von Views ist die Multitabellenselektion oder die Arbeit mit subqueries. Einem Standardanwender, den solche Abfragearten zu komplex anmuten, kann durch den Einsatz von Views die Arbeit wesentlich erleichtert werden. Ihm erscheint eine, aus eventuell sehr aufwendigen Befehlskomponenten zusammengestellte Sicht als vergleichsweise einfache Tabelle. Stellen wir uns zum Beispiel folgende Problematik vor: Die Bibliotheksverwaltung benötigt zur Leserbenachrichtigung regelmäßig Listen von Buch- und Lesernummern, sowie Titel, Autor, Lesernamen und Wohnort der zur Zeit ausgeliehenen Bücher. Möglicherweise sollen Warnungen zur Fristüberschreitung in der Ferienzeit verschickt werden. Die nötige Sicht lautet dann:

```
create view warnung
as select    b.buch_nr,
             b.titel,
             b.autor,
             leser_nr,
             name,
             wohnort
from         buecher b, verleih v
where        b.buch_nr = v.buch_nr;
```

8.5 Löschen von Views

Obwohl es keinen ANSI-Standard für das Löschen von Views gibt, kennen doch die meisten SQL-Datenbanksysteme einen entsprechenden Befehl für dieses Problem. So kann man zum Beispiel in dBASE IV, INFORMIX und Oracle mit dem Befehl:

```
DROP VIEW viewname;
```

eine Benutzersicht löschen. Die Daten der Basistabellen, auf die sich ein View bezieht, werden dadurch selbstverständlich nicht beeinflußt. Wird allerdings eine Basistabelle gelöscht, auf die ein View Bezug nimmt, so verschwindet automatisch auch die Sicht auf diese Tabelle. Dies ist durchaus sinnvoll, sonst würde man ja ins Leere gucken.

Mit dem Befehl:

```
drop view inventur;
```

könnte man also unsere Sicht auf die vorhandenen Bücher wieder entfernen.

Erstellen wir zum Schluß noch eine Sicht auf überzogene Bücher. Aus dieser Liste soll u.a. hervorgehen, seit wieviel Tagen die Bücher bereits überfällig sind:

```
create view ueberfaellig as
select      b.buch_nr, autor, titel,
            l.leser_nr, name, wohnort,
            today - rueckgabedatum tage
from        buecher b, leser l, verleih v
where       b.buch_nr = v.buch_nr
and         l.lser_nr = v.leser_nr
and         rueckgabedatum < today;
```

8.6 Viewspeicherung in Systemtabellen

Die Daten über Sichten werden in verschiedenen SQL-Systemtabellen abgelegt. Die wichtigsten Tabellen heißen SYSVIEWS und SYSUSAGE. In SYSVIEWS wird beschrieben, wer eine Sicht erstellt hat (VCREATOR), wie eine Sicht heißt (VIEWNAME) und wie der SELECT- Befehl lautet, der zum View gehört (VIEWTEXT). Die Tabelle SYSUSAGE enthält fünf Felder, in denen angegeben wird, welche Tabellen oder Views im VIEWTEXT vorkommen. Diese sind: Tabellen-bzw.Viewersteller (BCREATOR), Tabelle oder View, auf den sich die Sicht bezieht (BNAME), sowie eine Art Logikfeld (BTYPE), das angibt, ob es sich bei der Tabelle um eine reale (R) oder eine virtuelle (V) Tabelle handelt. Die beiden letzten Felder beinhalten den Viewerstellernamen (DCREATOR) und den Viewnamen (DNAME).

Zusammenfassung

- Views ermöglichen **benutzerspezifische Sichten** auf die Datenbank.

- Views stellen **dauerhafte Filter** auf reale Tabellen oder andere Views dar.

- Views sind für den Anwender eine wesentliche **Arbeitserleichterung** und unterstützen durch konsequente Einschränkungsmöglichkeiten den **Datenschutz**.

- Durch Views wird die in Datenbanksystemen geforderte **Programm-Datenunabhängigkeit** gefördert, da Views z.B. nicht geändert werden müssen, falls sich Tabellenstrukturen der dazugehörigen Basistabellen ändern.

- Sollen **Views zur Änderung von Basistabellen** herangezogen werden, so sind bei der Viewdefinition bestimmte Einschränkungen zu beachten.

■ Werden **Views gelöscht**, so beeinflußt das die referenzierten Basistabellen nicht.

■ Wesentliche Viewmerkmale werden in den **Systemtabellen** SYS-
   VIEWS und SYSUSAGE gespeichert.

Übungen

8.1 Erstellen Sie eine Sicht mit allen straffälligen Kunden.

8.2 Ein View soll alle Kunden anzeigen, die mehrere Bücher geliehen haben.

8.3 Eine Sicht soll die Anzahl aller Kunden in jedem Ort anzeigen.

8.4 Eine Sicht soll alle ausgeliehenen Bücher beeinhalten.

8.5 Welche der obigen Sichten sind aktualisierbar? Wo wäre der Befehlszusatz with check option sinnvoll?

9 DCL - Befehle

Wenn ein System, sei es eine EDV-Anlage oder ein Geldautomat, von mehreren Benutzern frequentiert wird, ist es notwendig, Zugriffsrechte zu vergeben bzw. zu entziehen. Es wäre schließlich besorgniserregend, falls jeder auf das Konto seiner Vorgesetzten zugreifen dürfte. Es gibt eine große Reihe schützenswerter Daten, die nur von bestimmten Personen bzw. Personengruppen genutzt werden dürfen, z.B. persönliche Daten, wie Krankenblätter etc.; ein harmloser Fußpilz kann im Zweifelsfalle die Karriere eines Bademeisters gefährden. Erwähnt sei auch der Schutz von produktbezogenen Daten, wie z.B. die Formel für ein klassisches amerikanisches Erfrischungsgetränk (sie wird hinter dicken Tresortüren gelagert). Um nun eindeutige Zugriffsberechtigungen festzulegen, muß geklärt werden, welche Daten schützenswert sind und wer auf diese in welchem Umfang zugreifen darf. SQL kennt hier eine Reihe von sogenannten **DCL-Befehlen** (DCL = Data Control Language), mit denen Benutzergruppen und deren Zugriffsmöglichkeiten auf die Datenbank formuliert werden können.

9.1 Benutzer und ihre Rechte

Damit ein Benutzer überhaupt mit einem SQL-System arbeiten kann, muß er sich beim DBA (Datenbankadministrator; siehe Kapitel 2) anmelden. Dies geschieht, falls die Berechtigung besteht, in zwei Schritten: Erstens **identifiziert** man sich durch eine Benutzernummer (User-Id lt. ANSI max. 18 Zeichen, DB2 von IBM jedoch nur 8 und Oracle max 30 Zeichen), der Identitätsnachweis erfolgt durch die sogenannte **Authentifikation** mittels Paßwort (bei IBM optional). SQL unterscheidet drei verschiedene Benutzerberechtigungsstufen.

Die geringsten Rechte hat ein User mit CONNECT-Zugriff. Er darf sich beim DBA anmelden, sein Paßwort verändern und kann je nach SQL-System nur Views definieren oder z.B. bei Informix und Oracle gar keine permanenten Tabellen oder Views erstellen. Die Zugriffsrechte auf Datenbestände anderer User beschränken sich auf die jeweils erteilten Privilegien.

Salopp formuliert heißt das, ein mit CONNECT-Recht ausgestatteter User hat wohl einen Hausschlüssel, jedoch keine Schlüssel zu einzelnen Wohnungen, er ist darauf angewiesen, daß ihm die Tür geöffnet wird. Nichtsdestotrotz ist das CONNECT-Recht extrem bedeutungsvoll. Schließlich erlaubt es einem User überhaupt auf die Datenbank zuzugreifen. Soll ein neuer User in das Datenbanksystem eingebunden werden, erhält er normalerweise zunächst das CONNECT-Recht. Wird es entzogen, verschwindet der User aus dem System.

Die nächste Stufe, die ein SQL-User erklimmen kann, ist das RESOURCE-Recht. Es stattet die Anwender mit der Berechtigung aus, eigene Ressourcen zu verwalten. Sie können Tabellen und Views selbstständig erstellen und er- 

halten für diese alle Zugriffsrechte, die sie auch weitergeben können. Das RESOURCE-Recht schließt in nahezu allen SQL-Implementierungen das CONNECT-Recht ein, nur ORACLE verlangt zusätzlich CONNECT-Rechte in Kombination mit RESOURCE. Das höchste Recht der SQL-Zugriffshierarchie heißt DBA-Recht. Es schließt CONNECT und RE-SOURCE-Recht ein (Ausnahme ORACLE: Auch hier expl. zus. CONNECT verlangt) und erlaubt die Wahrnehmung aller DB-Verwaltungsaufgaben. Er darf Benutzerrechte vergeben und entziehen, auf alle Anwenderdatenbanken in beliebigem Umfang zugreifen. Selbst das Editieren von Systemtabellen (siehe Ende dieses Kapitels) ist eingeschränkt möglich. Der DBA kann außerdem Transaktionsprotokolle, Views und Tabellen nach Belieben einrichten und löschen sowie Recovery-Vorgänge durchführen. dBASE IV kennt keine globalen Rechte, vermutlich weil es als DB-System für Single-User implementiert wurde. Mindestens eines der drei globalen Rechte sind die Voraussetzung für den Zugriff auf Datenbanken im SQL-System. Welche Tabellenzugriffsarten man nun unterscheiden kann, zeigt der nächste Absatz.

9.2 Tabellenzugriffsarten

Der **lesende Zugriff** auf eine Tabelle wird mit dem Recht SELECT bezeichnet, d.h. das Recht den SELECT-Befehl auf eine Tabelle anzuwenden. Unter Informix und Oracle kann dieses Recht auf einzelne Attribute begrenzt werden.

Mit INSERT ermöglicht man dem Zugreifer das **Anlegen neuer Datensätze**, DELETE gestattet das **Löschen von Datensätzen**. Das Zugriffsrecht UPDATE erlaubt die Editierung beliebiger und kompletter Datensätze der Tabelle. Folgt diesem Recht die Angabe einer oder mehrerer Spalten, so wird die Änderungsmöglichkeit auf diese Attribute begrenzt.

Das Zugriffsrecht ALTER (nur IBM, Informix, Oracle) erlaubt eine **Strukturveränderung** der Tabelle, wie sie beim Befehl: ALTER möglich wäre. Es gibt einige Defaultwerte in bezug auf diese Tabellenzugriffsrechte. So dürfen z.B. alle Urheber, d.h. die Ersteller der Tabellen, uneingeschränkt auf sie zugreifen. Dies gilt auch für selbsterstellte Views, die sich ausschließlich auf eigene Tabellen beziehen. Alle anderen User haben zunächst keinerlei Rechte. Etwaige Rechte können nur vom DBA oder vom Urheber vergeben werden. Nachdem nun alle Usergruppen und prinzipiellen Rechte bekannt sind, folgen die SQL-Befehle zur Vergabe bzw. Entziehung von Zugriffsrechten.

9.3 Zugriff auf das SQL-System

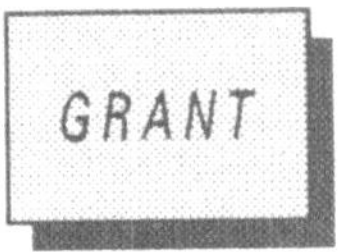

Um eines der drei **globalen Rechte** CONNECT, RESOURCE oder DBA zu vergeben, existiert ein weiterer SQL-Befehl, der (leider nicht genormte) GRANT-Befehl:

```
GRANT     globales Recht
TO        user1, user2, ...;
```

Wird statt der Userliste der Begriff PUBLIC angegeben, so gilt das Recht für alle Systembenutzer.

Beispiel:

```
grant      resource
to         jutta;
```

erlaubt User Jutta eigene Tabellen anzulegen, etc. und auf alle Fremdtabellen zuzugreifen, für die sie von anderen Usern lokale Rechte bekommen hat.

Der Befehl:

```
REVOKE   globales Recht
FROM     user1, user2, ...;
```

entzieht globale Rechte wieder. Bei Rücknahme globaler Rechte werden ggfs. globale Rechte höherer Hierarchiestufe mit entzogen, tiefer gelegene jedoch nicht.

Beispiel:

```
revoke     resource
from       franz;
```

entzieht nicht automatisch das CONNECT-Recht.

Ein **DB- oder File-locking** gehört zwar nicht zum SQL-Standard, existiert jedoch in mehreren Implementierungen und ist unseres Erachtens wichtig genug, um erwähnt zu werden. Um allen anderen Anwendern das Zugriffsrecht auf eine gerade z.B. umzustrukturierende DB zu verwehren, existiert in Informix der Befehl:

```
DATABASE   db-name   EXCLUSIVE;
```

Aufgehoben wird er durch

```
DATABASE       db-name;
```

Einzelne Tabellen können exklusiv zugreifbar werden durch

```
LOCK TABLE    tabelle
IN EXCLUSIVE MODE;
```

Jetzt ist allen anderen Usern der Zugriff verwehrt. Ein vermindert lesender Zugriff der anderen User wird erlaubt, falls das Schlüsselwort **EXCLU-SIVE** durch den Begriff **SHARE** ausgetauscht wird. Eine Aufhebung des lockings kann durch

```
UNLOCK TABLE    tabelle;
```

erfolgen. Unlocking muß auch durchgeführt werden, wenn von excl. locking auf share unlocking umgeschaltet werden soll!

dBASE IV kennt kein File-locking. Lokale Rechte wie Löschen und Einfügen von Datensätzen etc. werden wie folgt vergeben:

```
GRANT     lokales recht1, lokales Recht2, ...
ON        tabelle bzw. view
TO        user1, user2, ...;
```

Entzug erfolgt durch:

```
REVOKE    lokales recht1, ...
ON        tabelle bzw. view
from      user1, user2, ...;
```

Lokale Rechte sind:

- SELECT (Tabelle lesen)

- INSERT (DS einfügen)

- DELETE (DS löschen)

- UPDATE (DS editieren) bzw. UPDATE feld1, feld2, ...

nicht normiert sind Erweiterungen wie:

- INDEX (Indextabelle anlegen)

- ALTER (Tabellenstruktur verändern)

- ALL (alle obigen genannten Rechte)

Statt einzelner Usernamen darf der Begriff PUBLIC verwendet werden. Er ist ein Synonym für alle User. Für alle Tabellen muß durch einen Punkt der Tabellenurheber vorangestellt werden, falls der Befehlsgeber nicht auch der Tabellenbesitzer ist.

Beispiel:

```
grant      select
on         kunden
to         public;
```

Mit diesem Befehl wird die Tabelle für alle Benutzer zum Lesen freigegeben. Folgt der Userliste des GRANT-Befehls der optionale Befehlszusatz WITH GRANT OPTION, so erlaubt dies dem "Beschenkten", seine erhaltenen Rechte oder Teile davon an Dritte weiterzugeben. Dieser Zusatz ist allerdings datenschutztechnisch recht fragwürdig, da sein Schneeballeffekt kaum überschaubar ist. Um einen Überblick über die zur Zeit geltenden Zugriffsrechte zu bekommen, kennt Informix den Befehl:

```
INFO       PRIVILEGES
FOR        tabelle bzw. view;
```

Hier wird eine Auflistung der Berechtigten in folgender Form geliefert:

USER SELECT UPDATE INSERT DELETE INDEX ALTER

wobei jeweils festgelegt wird, ob das Recht für den im 1. Feld angegebenen User existiert oder nicht.

Zurück zu unserem Bibliotheksbeispiel, schließlich gibt es auch hier eine
Reihe von Benutzern mit unterschiedlichen Zugriffsrechten. Zunächst gibt
es einen Hauptverantwortlichen, den DBA, der die Hauptverantwortung für
die Funktionstüchtigkeit unseres DB-Systems zu tragen hat. Weiterhin beschäftigt die Bibliothek einen Bibliotheksdesigner. Er hat die Tabellenstrukturen zu erstellen und benötigt daher das RESOURCE-Recht. Die Sachbearbeiter für Ausleihe und Rückgabe erstellen zwar keine eigenen Tabellen,
müssen aber in gegebenen Datenbeständen lesen und ändern können. Hier
liegt also die Notwendigkeit für das globale CONNECT-Recht mit speziellen lokalen Rechtserweiterungen wie SELECT und UPDATE vor. Die
Verantwortlichen des Bereiches Gebühren benötigen zusätzlich DELETE-
und INSERT-Rechte, da aus der Gebührentabelle Datensätze zu entfernen
bzw. neue einzutragen sind.

Stellen wir uns vor, in unserer Bibliothek wird ein Terminal eingerichtet,
das ausschließlich für Ausleihvorgänge genutzt werden soll. Der verant-
wortliche Sachbearbeiter benötigt hierfür folgende Rechte:

```
grant connect to ausleihe identified by <password>;
grant insert on verleih to ausleihe;
grant update on leser(ausleihzahl) to ausleihe;
grant update on leser(ausleihzahl) to ausleihe;
```

Es gibt unter SQL eine Reihe von Systemtabellen, die vorhandene Zugriffsrechte verwalten, diese Tabellen heißen SYSTABAUTH, SYSCOLAUTH,
... und sind prinzipiell wie folgt aufgebaut:

Spaltenname	Bedeutung
username	Benutzer,der Rechte erhalten hat ("Beschenkter")
grantor	Benutzer, der Rechte gewährt
tname	Tabelle, auf die zugegriffen werden soll
owner	Tabellenbesitzer
selauth	Y falls der "Beschenkte" das SELECT-Recht besitzt
insauth	Y falls der "Beschenkte" das INSERT-Recht besitzt
delauth	Y falls der "Beschenkte" das DELETE-Recht besitzt

Systemtabelle: systabauth

Spaltenname	Bedeutung
username	Benutzer,der Rechte erhalten hat ("Beschenkter")
grantor	Benutzer, der Rechte gewährt
tname	Tabelle, auf die zugegriffen werden soll
cname	Spalte, auf die zugegriffen werden soll
owner	Tabellenbesitzer
updauth	Y falls der "Beschenkte" das SELECT-Recht besitzt
refauth	Y falls der "Beschenkte" das INSERT-Recht besitzt

Systemtabelle: syscolauth

Spaltenname	Bedeutung
username	Benutzer, der globales Recht hat
password	Paßwort des Benutzers
resource	"Y" falls der Benutzer das RESOURCE-Recht hat
dba	"Y" falls der Benutzer das DBA-Recht hat

Systemtabelle: sysuserauth

Zusammenfassung

■ SQL unterscheidet drei globale Benutzerberechtigungsstufen:

   CONNECT, RESOURCE und DBA. Diese Rechte entscheiden darüber, ob der Benutzer nur Tabelleninhalte bearbeiten oder auch Tabellenstrukturen anlegen bzw. ändern darf. Die Möglichkeit, selbst globale Berechtigungen zu vergeben bzw. zu entziehen, ist nur mit DBA-
   Berechtigung möglich.

■ Lokale Rechte in SQL:

   Neben den globalen Rechten, die "Hauptschalterfunktion" besitzen,
   existieren Rechte, die sich auf einzelne Tabellen beziehen. SELECT,
   INSERT, DELETE, UPDATE und ALTER erlauben die Selektion
   bzw. Projektion, das Einfügen, Löschen, Aktualisieren und Struktur-
   verändern von Tabellen.

■ Globale und lokale Rechte werden mit dem GRANT-Befehl gewährt
   und mit dem REVOKE-Befehl entzogen.

■ Einige Systemtabellen zeigen an, welche Rechte für einzelne Benutzer
   aktuell gelten.

Übungen

9.1 Welche Rechte müssen einem Bibliotheksbenutzer gegeben werden, der per Terminal feststellen möchte, ob Bücher eines bestimmten Autors in der Bibliothek existieren? Vergeben Sie diese Rechte und gehen Sie dabei davon aus, daß dieser Dienst in unserer Bibliothek erstmalig angeboten wird.

9.2 Die Systemtabelle sysuserauth enthält keine CONNECT-Spalte. Ist Sie dann überhaupt sinnvoll nutzbar?

9.3 Gesetzt der Fall, Sie (als DBA) wollen einem RESOURCE-User das CONNECT-Recht entziehen, um ihm dadurch jegliche Zugriffsmöglichkeit zum Datenbanksystem zu nehmen. Welcher unerlaubte Systemzustand würde hierdurch möglicherweise entstehen und wie läßt er sich vermeiden?

Anhang

Syntax der SQL-Befehle

CREATE DATABASE

        CREATE DATABASE name;

CREATE INDEX

        CREATE [UNIQUE] INDEX index
        ON   tabelle
        (spalte   [ASCIDESC],
              ...   ...
        );

CREATE TABLE

        CREATE TABLE tabelle
        (spalte_1   typ_1   [NOT NULL],
              spalte_2   typ_2   [NOT NULL],
              ...
              spalte_n   typ_n   [NOT NULL]
        );

CREATE VIEW

        CREATE VIEW viewname [(spalten)]
        AS select-Anweisung [WITH CHECK OPTION];
        DROP VIEW viewname;

DATABASE

        DATABASE   db-name   [EXCLUSIVE];

DELETE

```
DELETE FROM tabelle [alias]
[ WHERE ...  ]
```

DROP

```
DROP TABLE tabellenname;
```

```
DROP INDEX indexname;
```

GRANT

```
GRANT     globales Recht
TO        user1, user2, ...;
```

```
GRANT     lokales recht1, lokales Recht2, ...
ON        tabelle bzw. view
TO        user1, user2, ...;
```

INFO

```
INFO      PRIVILEGES
FOR       tabelle bzw. view;
```

INSERT

```
INSERT INTO tabelle
[ ( spalte [, spalte]... ) ]
VALUES ( wert [, wert]... );
```

```
INSERT INTO tabelle
SELECT ...
```

LOCK

```
LOCK TABLE    tabelle
IN EXCLUSIVE MODE;
```

REVOKE

```
REVOKE    globales Recht
FROM      user1, user2, ...;


REVOKE    lokales recht1, ...
ON        tabelle bzw. view
from      user1, user2, ...;
```

SELECT

```
SELECT [ALL|DISTINCT] { spalten| * }
FROM tabelle [alias] [tabelle [alias]]...
[ WHERE { bedingung|subquery } ]
[ GROUP BY spalten [ HAVING {bedingung|subquery} ]]
[ ORDER BY spalten [ASC|DESC]... ]
```

UNLOCK

```
UNLOCK TABLE    tabelle;
```

UPDATE

```
UPDATE tabelle [alias]
SET spalte = ausdruck   [, spalte = ausdruck]...
[  WHERE ...   ]


UPDATE tabelle [alias]
SET ( spalte  [, spalte]... ) = SELECT ...
[ WHERE ... ]
```

Lösungen zu ausgewählten Übungen

Kapitel 2

2.1   Wieviele interne und wieviel externe Modelle hat ein Datenbanksystem?

Ein Datenbanksystem besitzt ein internes Modell, da die hier enthaltenen Strategien eindeutig sein müssen. Die Anzahl der externen Modelle hängt von der Benutzergruppenzahl ab. Jede eigenständige Gruppe bekommt eine eigene Sicht auf die Daten, ein eigenes externes Modell.

2.2   Nennen Sie einen Nachteil der Normalisierung.

Durch die zwangsläufige Erhöhung der Tabellenzahlen, kann das Gesamtsystem unübersichtlich werden.

2.4   Welcher Beziehungstyp gilt bei der Kombination Lieferant - Fahrzeug?

Dies ist eine typische 1:n Beziehung, da ein Lieferant mehrere Fahrzeuge liefern kann. Jedes Fahrzeug wird hingegen garantiert von einem bestimmten Lieferanten geliefert.

Kapitel 4

4.1   a)   Zeilennr.   2, 6, 7, 8, 9, 10, 11, 12

    b)   Zeilennr.   2, 3, 5, 6, 7, 8, 9, 10, 11, 12

    c)   Zeilennr.   7, 10, 11, 12

    d)   Zeilennr.   10, 11

Kapitel 5

5.1   Ermitteln Sie alle ausleihbaren Klassiker.

```
select      *
from        buecher
where       leihfrist > 0
and         gruppe = 'K';
```

5.2   Erstellen Sie eine Übersicht über Ihre "jungen" Leser. Es sollen alle
Leser ausgegeben werden, die erst höchstens ein Jahr zu Ihrem Leserstamm gehören.

```
select      *
from        leser
where       eintrittsdatum > today - 365;
```

5.3   Erstellen Sie eine Übersicht über die Verteilung der Bücher auf die
einzelnen Gruppen. Wieviele Bücher gibt es pro Gruppe?

```
select      gruppe, count(*)
from        buecher
group by    gruppe;
```

5.4   Wie sieht die prozentuale Verteilung der Bücher auf die einzelnen
Gruppen aus?

```
create table gruppen_anzahl as
select      gruppe, count(*) anz
from        buecher
group by    gruppe;

create table gesamt_anzahl as
select      count(*) gesamt_anz
from        buecher;
```

```
select      gruppe, anz*100/gesamt_anz
from        gruppen_anzahl, gesamt_anzahl;

drop table gruppen_anzahl;
drop table gesamt_anzahl;
```

5.5   Sie haben in Ihrer Bibliothek teils nur ein Exemplar, teils aber auch mehrere Exemplare eines Buches angeschafft. Sie möchten wissen, ob Sie wegen starker Nachfrage von einigen Büchern weitere Exemplare beschaffen sollen, bzw. ob sich die Anschaffung mehrerer Exemplare gelohnt hat. Erstellen Sie dazu folgende Übersicht:

autor	titel	Anz. Exempl.	durchschnittl. Ausleihe pro Exemplar
...	...	...	...

```
select      autor, titel, count(*), avg(ausleihzahl)
from        buecher
group by    autor, titel;
```

Erstellen Sie eine weitere Liste, in der nur noch die Bücher auftauchen, für die Sie weitere Exemplare bestellen möchten. Setzen Sie sich dazu eine geeignete Schwelle, z.B. durchschnittliche Ausleihe pro Exemplar größer 50.

```
select      autor, titel, count(*), avg(ausleihzahl)
from        buecher
group by    autor, titel
having      avg(ausleihzahl) > 50;
```

5.6   Welche Leser haben zur Zeit Bücher aus allen Buchgruppen entliehen?

```
select      leser_nr, name, wohnort
from        leser
where       leser_nr in
            (  select      leser_nr
               from        verleih v, buecher b
               where       v.buch_nr = b.buch_nr
               group by    leser_nr, gruppe
               having      count(*) =
                           (  select      count(distinct gruppe)
                              from        buecher
                           )
            )
```

5.7   Wieviele Leser haben zur Zeit mehr als ein Buch geliehen?

```
create table welche as
select      leser_nr
from        verleih
group by    leser_nr
having      count(*) > 1;

select      count(*)
from        welche;

drop table welche;
```

5.8   Wieviel Prozent der Leser aus dem gesamten Leserstamm haben zur
      Zeit keine Bücher geliehen?

```
create table ausleiher as
select      count(distinct leser_nr) aktive_leser
from        verleih;

create table alle as
select      count(*) gesamt_anz
from        leser;

select      (gesamt_anz - aktive_leser) * 100 / ge-
samt_anz
from        ausleiher, alle;

drop table ausleiher;
drop table alle;
```

5.9 Ermitteln Sie die Stadt, deren Leser im Durchschnitt am häufigsten ausleihen. Es ist also die "belesendste" Stadt, bezogen auf die Ausleihzahlen in der Lesertabelle, zu ermitteln.

```
select      wohnort
from        leser
group by    wohnort
having      avg(ausleihzahl) >= all
            (  select      avg(ausleihzahl)
               from        leser
               group by    wohnort
            )
;
```

5.10 Ermitteln Sie buch_nr, autor und titel von vorgemerkten Büchern, die nicht verliehen sind.

5.11 Gegeben seien die folgenden zwei Tabellen:

u	
s1	s2
1	4
2	4
3	2

v
s3
b
a

Welches Ergebnis liefert die Abfrage

```
select     distinct  sum(s2)
from       u, v v1, v v2
where      s2 >
           (  select      max(s1)
              from        u
           )
and        v1.s3 != v2.s3
group by   v1.s3, v2.s3;                    ?
```

kartesisches Produkt

u X v X v			
s1	s2	v1.s3	v2.s3
1	4	b	b
1	4	a	b
1	4	b	a
1	4	a	a
2	4	b	b
2	4	a	b
2	4	b	a
2	4	a	a
3	2	b	b
3	2	a	b
3	2	b	a
3	2	a	a

nach WHERE Klausel

s1	s2	v1.s3	v2.s3
1	4	a	b
1	4	b	a
2	4	a	b
2	4	b	a

nach GROUP BY Klausel

sum(s2)	v1.s3	v2.s3
8	a	b
8	b	a

nach DISTINCT

8

5.12 Ermitteln Sie den prozentualen Anteil der verliehenen Bücher am gesamten Buchbestand. Verwenden Sie zur Lösung eine temporäre Tabelle.

```
create table temp as
select          count(*) anzahl_verleih
from            verleih;


select          max(anzahl_verleih) * 100 / count(*)
from            buecher, temp;


drop table temp;
```

5.13 Konstruieren Sie je einen Fall, für den die Bedingung

      a)   where x != any (...)
                    nicht erfüllt ist,

      b)   where x = all (...)
                    erfüllt ist.

      zu a)   where 1 != any (1, 1, 1, ... , 1)

      zu b)   where 1 = all (1, 1, 1, ... , 1)

Kapitel 6

6.1 Im Text wurde die Vormerkung eines Buches so programmiert, daß alle Einträge nach den geforderten Bedingungen korrekt erfolgten. Es wurden jedoch keine Meldungen über eine (nicht) erfolgreiche Vormerkung ausgegeben. Erstellen Sie eine Variante zur Vormerkung eines Buches, die entsprechende Rückmeldungen ausgibt.

Es kann folgende Hilfstabelle benutzt werden:

vm_test		
code	flag	text
0	0	Buch ist nicht verliehen
1	0	Leser ist gesperrt
2	0	Buch ist zu oft vorgemerkt

```
update      vm_test
set         flag = 1
where       code = 0
and         not exists
            (   select      *
                from        verleih
                where       buch_nr = '$2'
            );


update      vm_test
set         flag = 1
where       code = 1
and         exists
            (   select      *
                from        strafen
                where       leser_nr = '$1'
                and         sperre is not null
            );


update      vm_test
set         flag = 1
where       code = 2
and         5 <
            (   select      count(*)
                from        vormerk
                where       buch_nr = '$2'
            );
```

```
insert into vormerk
select      '$1', '$2', today
from        dummy
where       not exists
            (  select      *
               from        vm_test
               where       flag = 1
            );


select      text
from        vm_test
where       flag = 1;


select      'Buch ist vorgemerkt.'
from        dummy
where       exists
            (  select      *
               from        vormerk
               where       leser_nr = '$1'
               and         buch_nr = '$2'
            );


update      vm_test
set         flag = 0;


commit work;
```

6.2 Sie stellen mit Entsetzen fest, daß offensichtlich durch ein Mißgeschick (Programmfehler!) nicht ausleihbare Bücher verliehen worden
     sind. Machen Sie aus der Not eine Tugend und ändern Sie die Leihfrist von verliehenen, nicht ausleihbaren Büchern auf 30 Tage.

```
update      buecher
set         leihfrist = 30
where       leihfrist = 0
and         buch_nr in
            (  select      buch_nr
               from        verleih
            );
```

6.3 Für einen Kunden werden verschiedene Teile gefertigt und bei Bedarf ausgeliefert. Dazu werden zwei Tabellen **vorrat** und **bestellung** geführt. Vor der Auslieferung einer Bestellung ist der Zustand z.B.:

vorrat	
teil	anzahl
a	10
b	9
c	0
d	15

bestellung	
teil	anzahl
a	15
c	5
d	10

Da nur vorrätige Teile ausgeliefert werden können, ist der Zustand nach der Lieferung folglich:

vorrat	
teil	anzahl
a	0
b	9
c	0
d	5

bestellung	
teil	anzahl
a	5
c	5
d	0

Selbstverständlich sollten bestellte Artikel mit der Anzahl 0 aus der Bestelltabelle verschwinden.

■   Erstellen Sie ein SQL Programm, das die notwendigen Umbuchungen
    bei täglicher Bestellung und Auslieferung vornimmt.

■   Ermitteln Sie die Teile, die nachgefertigt werden müssen, mit der ent-
    sprechenden Anzahl.

```
create table temp as
select     v.teil, v.anzahl, b.anzahl, v.anzahl - b.anzahl diff
from       vorrat v, bestell b
where      v.teil = b.teil;


update     temp
set        b.anzahl = b.anzahl - v.anzahl,
           v.anzahl = 0
where      diff < 0;


update     temp
set        v.anzahl = v.anzahl - b.anzahl
           b.anzahl = 0
where      diff >= 0;


update     vorrat
set        anzahl =  (  select     v.anzahl
                        from       temp
                        where      v.teil = vorrat.teil
                     )
where      teil in
           (  select   v.teil
              from      temp
           );


update     bestell
set        anzahl =  (  select     b.anzahl
                        from       temp
                        where      v.teil = bestell.teil
                     )
where      teil in
           (  select   v.teil
              from      temp
           );
```

```
select      'Nachfertigen: ', v.teil, -diff
from        temp
where       diff < 0;


drop table temp;


delete from bestell
where       anzahl = 0;
```

6.4 Durch einen fehlenden UNIQUE INDEX für den Schlüssel einer Ta-
     belle konnte es geschehen, daß eine Tabelle einen Datensatz doppelt
     enthält. Es gibt keine Möglichkeit, mit einem DELETE-Befehl eine
     von zwei identischen Zeilen zu löschen. Wie werden Sie den doppel-
     ten Satz los?

```
create table t2 as
select distinct *
from t1;


drop table t1;
rename t2 to t1;
```

6.5 In einem Durchgangslager werden eingehende Teile zur eindeutigen
     Kennzeichnung numeriert. Da sehr viele Teile ein- und abgehen, soll
     die Numerierung nicht stets fortlaufen, sondern die durch abgehende
     Teile freiwerdenden Nummern sollen neu vergeben werden. Erstellen
     Sie einen INSERT-Befehl, der aus einer Liste von positiven, ganzen
     Zahlen die kleinste, freie Zahl in die Liste einfügt. (Nehmen Sie an,
     daß als Platzhalter ein Teil mit der Nummer 0 stets in der Liste vor-
     handen ist.)

```
insert into  t
select       min(zahl) + 1
from         t
where        zahl + 1 not in
             (  select     zahl
                from       t
             );
```

Kapitel 8

8.1   Erstellen Sie eine Sicht mit allen straffälligen Kunden.

```
create view uebeltaeter as
select     l.leser_nr, name, wohnort, gebuehr, sperre
from       leser l, strafen s
where      l.leser_nr = s.leser_nr;
```

8.2   Ein View soll alle Kunden anzeigen, die mehrere Bücher geliehen haben.

```
create view grosskunde as
select     l.leser_nr, name, wohnort
from       leser l, verleih v
group by   l.leser_nr
having     count(*) > 1;
```

8.3   Eine Sicht soll die Anzahl aller Kunden in jedem Ort anzeigen.

```
create view leserzahl as
select     wohnort, count(*)
from       leser
group by   wohnort;
```

8.4   Eine Sicht soll alle ausgeliehenen Bücher beeinhalten.

```
create view verliehene as
select      b.buch_nr, autor, titel
from        buecher b, verleih v
where       b.buch_nr = v.buch_nr;
```

8.5   Welche der obigen Sichten sind aktualisierbar? Wo wäre der Befehls-
      zusatz with check option sinnvoll?

      Keine der obigen Sichten darf aktualisiert werden (Jeder Befehl ent-
      hält entweder group by oder Join). Der Befehlszusatz with check op-
      tion entfällt daher.

Kapitel 9

9.1   Welche Rechte müssen einem Bibliotheksbenutzer gegeben werden,
      der per Terminal feststellen möchte, ob Bücher eines bestimmten Au-
      tors in der Bibliothek existieren? Vergeben Sie diese Rechte und ge-
      hen Sie dabei davon aus, daß dieser Dienst in unserer Bibliothek erst-
      malig angeboten wird.

```
create view public_buecher as
select      buch_nr, autor, titel
from        buecher;

grant select on public_buecher on public;
```

9.2   Die Systemtabelle sysuserauth enthält keine CONNECT-Spalte. Ist
      Sie dann überhaupt sinnvoll nutzbar?

Natürlich, denn ein User ohne CONNECT-Recht würde in der Tabelle gar nicht existieren.

9.3 Gesetzt der Fall, Sie (als DBA) wollen einem RESOURCE-User das CONNECT-Recht entziehen, um ihm dadurch jegliche Zugriffs-möglichkeit zum Datenbanksystem zu nehmen. Welcher unerlaubte Systemzustand würde hierdurch möglicherweise entstehen und wie läßt er sich vermeiden?

Dies verletzt die sogenannte referentielle Integrität, das heißt in unserem Beispiel die fehlende Beziehung zwischen den Dateien und ihrem Besitzer. Es gibt also Dateien, die keinem Besitzer zugeordnet werden können. Das Datenbanksystem Oracle hat das Problem durch Einfügung einer expliziten CONNECT-Spalte gelöst. Im DBS INFORMIX wird die Wahrung der referentiellen Integrität durch den verify join-Befehl unterstützt.

Literaturverzeichnis

[1]   Ceri, S., Gottlob, G, Tanca, L.
      Logic Programming and Databases
      Springer, 1990

[2]   Closs, S., Haag, K.
      Der SQL Standard
      Addison-Wesley, 1992

[3]   Date, C. J.
      A Guide to the SQL Standard
      Addison-Wesley, 1989

[4]   Date, C. J.
      Introduction to Database Systems
      Addison-Wesley, 1985

[5]   Dürr, M., Radermacher, K.
      Einsatz von Datenbanksystemen
      Springer, 1990

[6]   Elmasri / Navathe
      Fundamentals of Database Systems
      Benjamin-Cummings, 1989

[7]   Finkenzeller, H., Kracke, U., Unterstein, M.
      Systematischer Einsatz von SQL/Oracle
      Addison-Wesley, 1989

[8]   Hein, M., Herrmann, H.H., Keeremann, G., Unbescheid, G.
      Das ORACLE Handbuch
      Addison-Wesley, 1991

[9]   Kähler, W-M.
      SQL - Bearbeitung relationaler Datenbanken
      Vieweg, 1990

[10] Lans, R. F. van der
      Das SQL-Lehrbuch
      Addison-Wesley, 1987

[11] Lockemann, P. C., Schmidt, J. W.
Datenbank-Handbuch
Springer, 1987

[12] Martyn, T / Hartley, T.
DB2 / SQL, A Professional Programmers Guide
McGraw-Hill, 1989

[13] Moos, A., Daues, G.
SQL-Datenbanken
Vieweg, 1991

[14] Niedereichholz, J.
Datenbanksysteme
Physica-Verlag, 1983

[15] Petkovic, D.
Informix - Das relationale Datenbanksystem
Addison-Wesley, 1991

[16] Petkovic, D.
Ingres - Das relationale Datenbanksystem
Addison-Wesley, 1992

[17] Rautenstrauch, C. / Moazzami, M.
Effiziente Systementwicklung mit Oracle
Addison-Wesley, 1990

[18] Sauer, H.
Relationale Datenbanken; Theorie und Praxis
Addison-Wesley, 1991

[19] Schäfer, G.
Datenstrukturen und Datenbanken
Vieweg, 1989

[20] Vinek, G., Rennert, P. F., Tjoa, A. M.
Datenmodellierung
Physica-Verlag, 1982

[21] Vossen, G.
Datenmodelle, Datenbanksysteme und
Datenbankmanagement-Systeme
Addison-Wesley, 1988

[22] Vossen, G., Witt, K-U.
Das DB2-Handbuch
Addison-Wesley, 1990

[23] Zeit, E.
Programmierung des OS/2 Extended Edition Database Managers
Vieweg, 1991

Sachwortverzeichnis

3

3. Generation, 33
3GL, 33;34

4

4. Generation, 32;34;37;56
4GL, 33

5

5. Generation, 176;178

A

Abfragen, 35;54
Abfragen mit Join, 87
Abfragesprache, 31;37
Algorithmus, 176
Aliasname, 67;85;100;115;127
ALL, 102;**103**;110
ALTER, 50;51
alter table, 36
Alternativen für ANY, All, EXISTS, **108**
AND, 56;**60**;131
Anfrage, 131
ANSI, 5;31;34;44;45;180;181
ANSI/SPARC, 13
Anwendersprache, 32;37
Anwendersystem, 151
ANY, 102;**103**;110
APL, 4
Arithmetik, **65**
arithmetische Funktionen, 65
arithmetischer Ausdruck, 59
ASC, 44;58
Assembler, 32
assoziative Arrays, 73
Aufrufparameter, 173
Autojoin, **127**;129
AVG, 65;**68**;78

B

Basic, 32

Basistabellen, 195
Baum, 6
Befehlseingabe, 151
Benutzergruppe, 204
Benutzersichten, 195
Beschleunigung, 42;43;51
BETWEEN, 56;**63**
Beziehung, 21
Beziehungsmengen, 23
Beziehungstypen, 3
Boolsche Algebra, 61
Buchungssysteme, 135
Built-In Funktionen, **65**

C

C, 32;34;181
C++, 181
CHAR, 45
Cobol, 32;181
Codasyl, 3
commit work, 137
CONNECT, 204
Correlated Subqueries, **111**;143;146;149
count, 65;**70**;78
count(*), **71**
count(distinct ...), 71
CREATE [UNIQUE] INDEX, 42;214
CREATE DATABASE, 39
CREATE INDEX, 36;51
CREATE TABLE, 36;39;51
create table as select, 99
CREATE UNIQUE INDEX, 51
CREATE VIEW, 36;196
current date, 46
CURSOR, 187

D

Data Control Language, 35
Data Definition Language, 35
Data Manipulation Language, 35
Database Management System, 1;15
DATE, 45
Datei, 1
Datenbank, 1
Datenbankgeschichte, 3
Datenbanksprache, 33
Datenbankstrukturen, 176
Datenschutz, 195